EL HIJO DE LA NOVIA

Juan José Campanella
y Fernando Castets

EL HIJO DE LA NOVIA

791.437
CAM
	Campanella, Juan José
	    El hijo de la novia / Juan José Campanella y Fernando Castets.- 1ª. ed.- Buenos Aires: del Nuevo Extremo, 2002.
	    192 p. ; 21x14 cm.
	
	    ISBN 987-1068-06-9
	
	    I. Castets, Fernando II. Título-1. Guiones Cinematográficos

ISBN: 987-1068-06-9

Autores: Juan José Campanella y Fernando Castets
Composición: Víctor Igual, S.L.
Diseño de Cubierta: Photo Design
Arte de Cubierta: Mariano Vera.
Material cedido por Pol-ka Producciones,
Patagonik Film Group y JEMPSA.

© 2002, Juan José Campanella y Fernando Castets
© 2002, RBA Libros S.A.
Pérez Galdós, 36 – 08012 Barcelona
www.rbalibros.com / rba-libros@rba.es

© 2002 Editorial del Nuevo Extremo S.A.
Juncal 4651 (1425) Buenos Aires Argentina
Tel/Fax: (54-11) 4773-3228
e-mail: editorial@delnuevoextremo.com
www.delnuevoextremo.com

Primera edición: agosto 2002

Reservados todos los derechos.
Ninguna parte de esta publicación
puede ser reproducida, almacenada
o transmitida por ningún medio
sin permiso del editor.

HECHO EL DEPÓSITO QUE MARCA LA LEY 11723
IMPRESO EN ARGENTINA. PRINTED IN ARGENTINA

GUIÓN

EXTERIOR - TERRENO BALDÍO - DÍA

La imagen parece una vieja foto de plaza pintada con acuarela. Un terreno baldío rodeado de montañitas de tierra de un metro y medio. RAFAEL y JUAN CARLOS, de 8 años, arman una choza de barro y pasto.

Llega un grupo de cuatro chicos de 14. Empiezan a empujar a los dos más chicos, quedándose con la casa. RAFAEL se resiste, y uno de los chicos lo quema en la mano con su cigarrillo. Los dos chicos se van llorando.

EXTERIOR - TERRENO BALDÍO - DÍA

Los de 14 juegan un cabeza frente a la choza. Un cabezazo fuerte de uno de ellos tira la pelota detrás de una de las montañitas. Discuten quién tiene que ir a buscarla. Pero uno de ellos recibe un pelotazo. Miran la pelota, pinchada, con un tajo en forma de «Z». Los cuatro se miran. Algo llama su atención desde donde vino la pelota.

Parado arriba de una de las montañitas está RAFAEL, disfrazado de El Zorro (made in casa). La capa vuela al viento, heroicamente, en cámara lenta. Los de 14 lo miran sin entender. RAFAEL saca una gomera y la mueve como un látigo. Los de 14 se ríen. RAFAEL carga la gomera y dispara. Le pega a uno en el hombro, que cae herido.

Los de 14 levantan piedras del suelo y las arrojan contra RAFAEL. En la montañita alcanzamos a ver la cabeza y el sombrero de RAFAEL que desaparece corriendo detrás de ella cuando una lluvia de piedras cae sobre el lugar.

Los de 14 persiguen la versión enana de El Zorro. El Zorro los lleva hasta donde está JUAN CARLOS esperando escondido. El Zorro le hace una seña desesperada, y JUAN CARLOS tira de una soga. Se levanta una soga que estaba escondida en el camino, pero dos segundos antes de lo debido y el que se tropieza es El Zorro.

Los de 14 lo atrapan y lo empiezan a empujar y cachetear. JUAN CARLOS agarra un palo y, usándolo como espada, ataca a los chicos. Los chicos se distraen y RAFAEL se escapa. JUAN CARLOS les tira el palo, que pasa a dos metros de ellos. Salen corriendo.

EXTERIOR - VEREDA - DÍA

Los de 14 acortan la diferencia. Un coche entra a un garage. De él sale NORMA, 45 años. El Zorro grita: «¡Mami!, ¡mami!». NORMA ve lo que pasa y se interpone entre él y los de 14. Los de 14 se frenan, y NORMA les grita. Los de 14 se van, insultando a El Zorro, que les hace un corte de manga detrás de la madre.

NORMA mira a RAFAEL y JUAN CARLOS y se los lleva de la mano, caminando rápido. El Zorro y JUAN CARLOS tratan de seguirle el paso, dando saltitos. El Zorro trata de mirar a su madre. La ve alta, heroica.

INTERIOR - COCINA - DÍA

Los dos chicos se sientan, preparándose Vascolet. La madre trae una bandeja.

> NORMA
> Bueno..., yo no sé si dos pícaros como ustedes se merecen esto... pero bueh, a ver... ¿Quieren un polvorón?

Los chicos abren los ojos con placer y atacan los polvorones. Mientras come, RAFAEL mira a su madre. La madre lo mira, sonriendo. Nos acercamos a los ojos de RAFAEL.

INTERIOR - LOFT DE RAFAEL - NOCHE

PPP* de los ojos de RAFAEL, ahora. Tiene 42 años, barba crecida y pelo largo. Está mirando al vacío, los ojos rojos. La cámara se aleja de él. Está tirado en el sofá, mirando sin ver la televisión muda. Cinco de la mañana. Fuma. En la televisión están dando *El Zorro*.

Detrás de él aparece NATI, 27 años, casi dormida, con una remera.

> NATI
> ¿De nuevo despierto? Son las cinco casi.

> RAFAEL
> Sí, no, estoy viendo tele... Andá, andá a dormir, yo ahora voy...

NATI viene al sofá, y se acuesta en su falda, abrazándolo. RAFAEL se tensa, incómodo, sonríe forzadamente.

---

* Primerísimo primer plano.

RAFAEL *(Sigue.)*
¿Que hacés?

NATI
Nada, estaba de paso y pasé.

Lo abraza tiernamente. RAFAEL lentamente se afloja. Se empiezan a besar. Hacen gesto de aliento mañanero.

NATI *(Sigue.)*
Piquito, piquito.

Se besan sin abrir la boca. NATI apaga el televisor.

EXTERIOR - RESTAURANTE - DÍA

RAFAEL deja el coche mal estacionado y sale de él, hablando por el «sin manos», caminando rápido. Fuma mientras camina. Con la misma mano acciona la alarma del auto.

RAFAEL
¡No, no, no! ¡No! ¡No me vas a dejar sin vino ahora...! ¡No! Oíme, ¡bajo la cortina y vos no cobrás nunca más...!

Al acercarse al restaurante, NACHO, treinta y pico, el encargado, se le acerca encogiéndose de hombros. RAFAEL lo aleja con la mano.

RAFAEL *(Sigue.)*
¡No, traeme la mercadería acá después de las tres de la tarde y yo te lo soluciono, dale... chau! *(Cuelga.)* ¿Lo ubicaste a Rosales?

NACHO

No hay caso, no lo pude encontrar por ningún lado.

RAFAEL

¿Qué te dijeron en la casa?

NACHO

No, en la casa no lo quise joder...

RAFAEL

¿Y en la oficina?

NACHO

No tengo el número de la oficina.

RAFAEL

¿Y dónde mierda lo buscaste, en la morgue, pelotudo?

INTERIOR - RESTAURANTE - DÍA

RAFAEL habla por el teléfono inalámbrico del mostrador mientras revisa la carpeta con resúmenes de cuenta del banco.

RAFAEL

¡No, no, no! ¿Yo qué hago con doscientas cajas de ravioles? No, eso no me cubre ni lo que se morfan los empleados...

NACHO

Gracias, viejo...

FRANCESCO, el cocinero, 59 años, viene con un bol. Le hace probar una crema.

RAFAEL

El lunes yo te repongo el cheque que te rebotaron... Sí... ¿Qué hacés, Francesco?

FRANCESCO

Probá, Rafael...

RAFAEL

(Prueba la crema.) Este tiramisú es más amargo que la vida. Me horada la lengua.

FRANCESCO

Lo que pasa es que hay que hacerlo con mascarpone. Con queso crema es una reverenda cagada.

RAFAEL

Es muy caro el mascarpone, probá con más azúcar impalpable.

FRANCESCO

Acá lo único impalpable es la decencia.

RAFAEL

(Al teléfono.) Oíme, ¿Rosales no te mandó el cheque?

INTERIOR - RESTAURANTE - DÍA

RAFAEL camina hacia la puerta a recibir a un hombre de traje, SCIACALLI. Habla por el «sin manos».

RAFAEL

¡Sandra! ¿Qué querés? Sí, ya sé que hoy es jueves. No, no me voy a olvidar, yo la voy a buscar... ¡Que no me voy a olvidar, terminala...! ¡¿Cómo me voy a olvidar?! ¡Es mi hija! ¡Chau! *(Cuelga. A Sciacalli.)*

Sciacalli... Perdón. Mi ex mujer. Qué bárbaro sería ser viudo, ¿no?

SCIACALLI

Yo soy viudo.

RAFAEL

Uy, perdón.

SCIACALLI

No, es bárbaro.

RAFAEL

¡Nacho! ¿Me lo conseguiste a Rosales?

NACHO

No te preocupes de nada.

INTERIOR - RESTAURANTE - DÍA

SCIACALLI y RAFAEL hablan. Sciacalli saborea un cognac. RAFAEL fuma y toma café. Le pone edulcorante.

RAFAEL

Mire, Sciacalli. Yo agradezco el interés que muestra Marchioli Internazionale en el restaurante, pero yo en este momento no tengo interés en vender.

SCIACALLI

Está bien, yo entiendo lo que usted me dice, comprendo el orgullo que usted tiene con el tema del restaurante, es comprensible... Pero me parece que con esta crisis habría que ir pensando en alguna que otra opción, no?

RAFAEL

¿Cómo esta crisis? ¿Cuándo no hubo crisis, acá? Quiero decir... Si no hay inflación, hay recesión; y si no hay recesión con inflación... Si no es el Fondo Monetario es el Frente Popular... La cuestión es que si no es en el Frente es en el Fondo, pero siempre una mancha de humedad en esta casa, hay. ¿Por qué no compran la parrillita Buenos Aires? Esa hace rato que están tratando de venderla...

SCIACALLI

¿Ésa de acá a la vuelta? Pero por algo cerraron, Belvedere. Ustedes, mal que mal, mantienen su clientela, ¿no?

RAFAEL

¿Cómo mal que mal?

SCIACALLI

Bueno, dígame si me equivoco: ustedes en los últimos dos años perdieron cuatro o cinco puntos de margen de ganancia, por lo menos. Más la presión tributaria. Entonces a usted lo veo corriendo atrás de los proveedores, corriendo atrás de los clientes, corriendo atrás de los empleados... Como una especie de maratón, parece que es su vida. ¿Sabe cómo lo veo? No se ofenda: lo veo como a esos malabaristas chinos, que van corriendo de palo a palo para que no se le caigan los platos... Se acabó el negocio de mamá y papá. Nosotros nos dedicamos específicamente a *aggiornar* los negocios, a armonizarlos. Sabemos lo que hacemos. Y el momento de vender es ahora.

Este cuadro de situación cala en RAFAEL. Lo pintó justo. Tanto, que casi se enoja cuando contesta.

RAFAEL

Mire, Sciacalli, si ustedes saben lo que hacen, y compran, es el momento de comprar. No, mire..., yo, este restaurante lo voy a sacar adelante solo.

SCIACALLI termina el cognac, y deja una tarjeta.

SCIACALLI

Bueno. Piénselo. Le dejo mi tarjeta. El cognac es extraordinario.

RAFAEL

Le mando una caja.

INTERIOR - RESTAURANTE - DÍA

Está hablando por el celular, mirando por la ventana. Ve que enfrente se están llevando todo la parrilla de Gavilán. Un hombre mayor, con bastón, ramo de flores y una bolsita habla en la puerta del local con otro hombre de edad similar y aspecto vencido, casi llorando. Este es GAVILÁN, el dueño de la parrilla. El hombre del bastón palmea con dificultad el hombro de Gavilán, animándolo.

RAFAEL

Discúlpeme, señorita, hace dos días que depositó mi contador... ¿Y ahora me vienen con que no hay fondos? Bueno, deme con alguien que sepa algo.

NACHO

Si nadie sabe nada, acá. Tomá, firmá.

NACHO le trae una boleta para revisar. RAFAEL saca anteojos del bolsillo y los mantiene frente a sus ojos.

####### NACHO *(Sigue.)*

Eh... Abrilos los anteojos, Rafa, que las patitas, ¿viste?, te sirven para...

####### RAFAEL

Espere un segundito, no corte, que tengo otra llamada... *(Atiende el llamado de espera. A* NACHO.*)* ¿Vos te creés que yo no sé cómo funcionan los anteojos, pelotudo?

####### NACHO

Bueno, si sabés, ponételos, entonces... ¿Quién es el pelotudo acá?

####### RAFAEL

Hola. Sí, él habla, quién es. ¿Qué Juan Carlos?... No, yo no conozco a ningún Juan Carlos, chau. *(Cuelga de nuevo.)* Hola, señorita... ¡Hola! ¡HOLA! ¡Pero la reputísima madre que te parió a vos, al Chase Manhattan y al puto de Rockefeller!

FRANCESCO saluda a alguien desde la cocina.

####### FRANCESCO

¡Commendatore! ¿Un cafecito?

####### NINO

Ristretto, peró.

Es NINO, 83 años, el papá de RAFAEL, el hombre del bastón que hablaba con GAVILÁN. RAFAEL va hacia él.

####### RAFAEL

Hola, papi, ¿a dónde vas?

NINO
A ver a mami, ¿querés venir?

RAFAEL se queda quieto, lo mira a NINO, no sabe qué decir. Contesta mientras se va a la caja.

RAFAEL
No, no puedo. No puedo. Tengo un despelote infernal...

NINO
Vos siempre tenés despelote... Hace como un año que no la ves, ¿eh?

RAFAEL
¡No! No, si fuimos... ¿Cuándo fue la última vez que fuimos?

NINO
En octubre pasado. ¿Cuánto hace? Un año...

RAFAEL
Sí pero... fue un mal momento para todos. No me quería ver cuando estaba sana, papi. Menos me va a querer ver ahora.

NINO
Pero vamos, si ni se acuerda... Vení, dale, vamos... Se va a poner contenta.

RAFAEL
No, no puedo, no puedo...

NINO
Hoy es el cumpleaños.

RAFAEL se queda sin palabras. Acorralado. Ve que ROSALES, el contador, se acerca por la calle, lo más tranquilo. RAFAEL va hacia él, hecho una furia.

RAFAEL

¡Apareciste! ¿Dónde te metiste? Oíme, tengo un quilombo infernal con los proveedores, ¡¿y la guita no se acreditó?!

ROSALES

Vos no sabés lo que me pasó.

RAFAEL

¡No, vos no sabés lo que te pasó! Acabás de perder el laburo, pelotudo. ¡Andá a que te acrediten la guita porque te cago a trompadas!

ROSALES

¡Pero pará un poco, a mí no me hablás así....!

Y ahí nomás, RAFAEL le mete una trompada. ROSALES trata de contestar, pero RAFAEL estalla. Empieza una pelea tremenda. NACHO y FRANCESCO tratan de frenar a RAFAEL que está desencajado. NINO le grita a RAFAEL que pare.

RAFAEL

¡Pero vení que te mato! ¡Te mato! ¡Te mato, atorrante, ladrón, vago de mierda!

Finalmente lo paran. ROSALES se va rajando.

RAFAEL *(Sigue.)*
¡Te mato, hijo de puta, te mato!

Se da vuelta, desencajado. Todos lo miran como a un loco. Se recupera y con una sonrisa hace el gesto de marcar la «Z» en el aire.

RAFAEL *(Sigue.)*

¡Huyó el cobarde de mierda! ¡No pudo con el paladín de la justicia! *(Lo abraza a* NACHO.*)* Si hasta lo tengo a mi fiel ayudante Bernardo que se hace pasar por pelotudo... ¡Francesco, hoy compramos mascarpone! Especial del día, tiramisú «Norma».

Todos se ríen. Pasó la tormenta. NINO lo mira preocupado.

EXTERIOR - CALLE - DÍA

RAFAEL y NINO van en el coche de RAFAEL.

RAFAEL

Es que es muy lento, papi, es muy lento... Hoy tenés que estar pa pa pa pa, si no te comen los albatros y a Nacho no le da el piné, me vuelve loco... ¿Por qué te crees que no consigue laburo en ningún lado?

NINO

Bueno, pero es tu primo, le podés dar una mano. ¿No?

RAFAEL

Un cerebro hay que darle. Me gusta porque, al final, yo era el inútil de la familia y resulta que ahora los tengo que bancar a todos...

NINO

¿Pero a vos quién te dijo que eras un inútil, Rafa?

RAFAEL

Papi...

NINO

¿Te fuiste a despedir de don Gavilán?

RAFAEL

No, lo mandé a Nacho a que le dé una mano con la mudanza.

NINO

Bueh...

RAFAEL

Pobre don Gavilán Pollero, perdió todo. Es que hoy en día es muy difícil uno solo. Estas empresas manejan costos como para veinte locales. Al final es por lo que vos luchaste toda la vida, por un mundo más eficiente.

NINO

Yo nunca luché por un mundo más «eficiente».

Suena el celular. RAFAEL atiende.

RAFAEL

¡Hola! ¿Quién? No, flaco, estás equivocado. Es que no conozco a ningún Juan Carl... ¡La puta que me parió!

Un POLICÍA le hace señas de que frene.

RAFAEL

(*Sigue. Cuelga. Frena.*) Sí, discúlpeme, oficial, ya sé, venía hablando por el celular. ¿Sabe qué pasa? Tengo a mi mujer embarazada, y estoy...

POLICÍA

Registro y cédula verde.

RAFAEL

¿No se puede arreglar de otra manera?

POLICÍA

¿Como qué?

RAFAEL

Cincuenta pesos es lo único que tengo...

El POLICÍA acepta. Le da el talonario para que ponga la plata ahí. Mientras RAFAEL le da la plata, NINO murmura para sí mismo...

NINO

Por un mundo mejor era...

El POLICÍA le devuelve el billete.

POLICÍA

Son falsos...

RAFAEL

¿Falsos? ¡Qué bien los hacen, qué hijos de puta! ¡Para esto sí que somos buenos! ¿Tenés veinte pesos, papi, ahí? Un segundín...

INTERIOR - GERIÁTRICO - DÍA

La enfermera, CARMEN, abre la puerta. Entran NINO y RAFAEL. RAFAEL está muy incómodo.

CARMEN

¡Nino! ¿Cómo está? *(Ve a Rafael.)* ¡Uy, qué sorpresa! ¡Tanto tiempo!

NINO

Casi un año.

NINO *(Sigue.)*

¿Y Norma?

CARMEN

Ahí está, tranquilita.

NINO

Le traje el matizador.

NINO saca un paquetito de la bolsa. Avanzan hacia la sala de estar. NINO sonríe con cariño. RAFAEL se queda atrás.

Su punto de vista: Una fila de viejitos, en batón, dormidos, mirando el vacío, uno escuchando radio de un viejo audífono, uno atado, todos muy tirados. Finalmente vemos a NORMA (76). Es distinta. Está sentada derechita, bien vestida, con el pelo teñido. Pero RAFAEL igual se queda duro, triste, golpeado. No es la madre que él conoció. El fuego se fue de sus ojos. No la bondad, ni el humor, pero sí el fuego. Está, en una palabra, viejita. Al lado de ella, un señor en silla de ruedas, POLO, le habla. NORMA asiente con una sonrisa.

CARMEN

Normita, mirá quién vino.

NORMA mira en la dirección de RAFAEL y sonríe inmediatamente. NINO se agacha a ella y la abraza. NORMA lo abraza y se pone a llorar.

NORMA

(Llorando.) ¡Papito!

NINO
No... No llores. No llores viejita, no llores... Está todo bien, está todo bien.

NORMA
¡Papito! Estoy bien, estoy bien.

NINO
Mirá con quién vine. ¿Lo conocés?

NORMA ve a RAFAEL y sonríe. RAFAEL fuerza una sonrisa y se acerca.

NORMA
¡Hola! Vamos. Vamos, vamos...

Tiene el impulso de levantarse, pero, después de un esfuerzo, las rodillas no le dan y cae sentada. NINO trata de ayudarla, pero no pueden. Ahí RAFAEL despierta de su trance y va hacia ellos. Se alzan. NORMA le habla a POLO.

NORMA *(Sigue.)*
¿Me perdonás? Yo voy con el señor afuera un ratito. Enseguida vuelvo. *(Se van y* NORMA *le habla en secreto a* RAFAEL.*)* Este viejo es un depravado. Vámonos.

Actúa como si hubiera visto a RAFAEL ayer, con total confianza.

RAFAEL
Hola, mami, hola. ¡Feliz cumpleaños!

NORMA
¿Quién cumple años?

RAFAEL
Vos, mami. Mirá lo que te trajo papá.

Señala a NINO que quedó un poco atrás. NINO le ofrece las flores. NORMA se emociona más, y las agarra con placer.

                    NORMA
¡Qué lindas flores!

                    NINO
¡Feliz cumpleaños! Carmen, ¿por qué no las ponés en un jarroncito?

                    CARMEN
¡Ay, Norma! ¡Qué flores preciosas!

Les guiña el ojo a los dos, y se va. NINO saca un osito de la bolsa.

                    NINO
A ver si te gusta esto... Tomá.

                    NORMA
¡Qué lindo osito! Miren mi osito. *(Besa al osito. Habla con voz de chico.)* ¡Osito! ¡Osito!

Se lo pasa por la cara a RAFAEL, que lo aparta, incómodo.

INTERIOR - BAR - DÍA

NORMA, NINO y RAFAEL entran al bar. RAFAEL mira subrepticiamente su reloj. Se cruzan con un nenito de cuatro años y su madre. NORMA se agacha a hablarle.

                    NORMA
¡Ay, qué divino! Mirá el osito. *(El nene le saca la cabeza.)* Andá a la puta que te parió.

NINO se ríe. RAFAEL trata de justificarla, haciéndole un gesto de «está medio loca» a la madre del nene, como que le lleve la corriente. Trata de zafar con un forzado humor.

RAFAEL
Vení, mami, vení.

INTERIOR - BAR - DÍA

Llega la CAMARERA, una chica joven, muy simpática. RAFAEL enciende un cigarrillo.

CAMARERA
¡Ay, llegó mi reina! ¿Qué tal, cómo estás? Hola, buen día... *(Le da un beso.)*

NINO
Mi hijo, Rafael.

RAFAEL
(Canchero.) ¿Cómo te va, linda?

NORMA
(Larga una risa.) «¿Cómo te va, linda?» ¡Qué boludo!

La CAMARERA y NINO se ríen. A RAFAEL le da bronca, pero fuerza una sonrisa.

RAFAEL
Mami, mirá cómo me hacés quedar.

NORMA
Y, como un boludo.

CAMARERA
Bueno. Un juguito para el señor, un café y un tostado para la reina, y...

RAFAEL
Café para mí.

NORMA empieza a sacar servilletas del servilletero. NINO le toma la mano.

NINO
¡Quién diría que tenés treinta y cinco años!

NORMA
¿Treinta y cinco años de qué?

NINO
De edad. Hoy es tu cumpleaños.

NORMA
(*Enojada de repente.*) Qué pavadas decís. ¿A quién le importa eso? Treinta y cinco años... de edad. ¿A quién le importa? Mirá, todo sucio, acá. Todo desordenado acá.

Mientras habla, dobla maniáticamente las servilletas. RAFAEL le saca el servilletero disimuladamente.

RAFAEL
¿Qué decís, vos, che? ¿Viste lo que te dijo?

NORMA
(*Se ríe.*) Mirá cómo te trata. (*Apoya su cabeza en el hombro de* RAFAEL.) ¿Eh? Mirá que sos, vos... ¡Picarón!

La cercanía de NORMA sorprende a RAFAEL. Despacio, le acaricia el pelo. NINO mira a NORMA apoyada en el hombro de RAFAEL. Sus facciones se aflojan. Sonríe.

EXTERIOR - CALLE - DÍA

NORMA y NINO vienen en silencio. Unos pasos detrás, RAFAEL habla por el celular. De repente, NORMA levanta una flor seca de la calle.

NINO
Dejá, viejita, que está sucia.

NORMA
No, no, está linda. Está linda, mirá...

RAFAEL
¿... cómo Caja de Ahorro? ¡Le pedí cuenta corriente...!

NINO
¡Qué linda flor! ¿Me la das?

NORMA
Te la doy, viejito, tomá...

En ese momento, RAFAEL grita por el celular.

RAFAEL
¡Comuníqueme con alguien que sepa, carajo!

NORMA lo mira a NINO con un gesto de «Uy, la que se armó». NINO la ignora. Tira la flor sin que NORMA se dé cuenta.

NINO

Bueno. Vamos a ver. Una poesía.

NORMA

No, qué poesía ni poesía. No tengo ganas.

NINO

«Setenta balcones...»

NORMA

(Recita automáticamente la poesía de Baldomero Fernández Moreno.) «... Setenta balcones...»

RAFAEL

(Alcanzándolos.) Perdón, mami, me puse nervioso.

NORMA lo calla y sigue recitando la poesía.

NINO

¡Eso es! ¡Muy bien!

EXTERIOR - GERIÁTRICO - DÍA

Están esperando que abran, en la puerta. NORMA ve un cartel que pone: «Hogar para ancianos».

NORMA

¿Hogar para ancianos? *(En secreto, a* RAFAEL.*)* Yo acá a tu papá no lo dejo.

NINO escucha. Y si le hubieran clavado un cuchillo, le hubiera dolido menos. RAFAEL trata de reírse.

RAFAEL
No... ¡Primero hay que agarrarlo!

CARMEN
¡Normita!

NORMA
¡Hola, linda...!

CARMEN
¡Te estaba esperando con la comida...!

NORMA
No, yo ya comí. Mi... mirá mi osito, mirá mi osito...

CARMEN
¡Ay, ella con su osito! A ver, mamá, dame la manito, subí acá. Mirá qué día precioso, ¿no?...

NORMA
Sí...

CARMEN
A ver, mamá, que cierro acá. Vamos a comer... ¿Sabés qué te hice de comer?

NORMA se olvida de los otros y entra. CARMEN les hace señas de que está todo bien. Cierra la puerta. Se quedan afuera.

NORMA
¿Qué me hiciste?

CARMEN
¡Filet!

NORMA

Ay, qué rico...

CARMEN

Filet de brótola. Con tu osito... El osito se portó bien, ¿no es cierto?

NORMA

Sí, se portó bien...

CARMEN

¿Y vos te portaste bien...?

NINO sonríe apenas. RAFAEL mira, por el vidrio traslúcido de la puerta, la silueta de NORMA alejarse hasta desvanecerse. El reflejo de su cara en el vidrio muestra una enorme tristeza.

INTERIOR - COCHE DE RAFAEL - DÍA

Hay un silencio incómodo mientras van en el auto.

NINO

Increíble, ¿eh? Ni se da cuenta de que no está en casa.

RAFAEL

Yo la veo mucho mejor. Como más contenida. Por otro lado vos ya no podías más, papi.

NINO

¿Viste la sonrisa que te puso apenas te vio?

RAFAEL

Seh...

NINO

En serio.

RAFAEL

Sí, ahora le dice a todo el mundo que soy un boludo. ¡Hasta a los mozos!

NINO

Escuchame, no es ella la que habla, es esa enfermedad...

RAFAEL

Siempre fue así, papá, siempre. Antes por lo menos era un poquito más privado.

NINO

Pero bueno... Lo que pasa es que ella siempre quiso tener un hijo abogado. ¿Qué tiene de raro? Normal, en cualquier madre, ¿no? «M'hijo el dotor.» ¿Vos no te acordás de la...

RAFAEL

Además eso es de otra época, papá. Mirá si viviera ahora. A mí me va mejor que a muchos profesionales que conozco.

NINO

Vive ahora.

RAFAEL lo mira, sorprendido por lo que dijo.

EXTERIOR - CASA DE NINO - DÍA

NINO baja del coche con esfuerzo y RAFAEL empujando desde adentro.

> NINO
> Podríamos llevarla a Victoria un día de estos. ¿No?

> RAFAEL
> Ssí... Sí, viste cómo son los chicos, pa, yo igual le digo... *(Suena el celular.* RAFAEL *atiende.)* ¡Hola! Hola, Sandra. ¿Qué pasó? ¡Calmate un poco! Vengo de ver a mi vieja... Estoy llegando, estoy a dos cuadras, chau...

NINO saluda y cierra la puerta. Se mete en su casa rengueando. RAFAEL ni lo ve irse.

EXTERIOR/INTERIOR - ESCUELA DE VICTORIA - DÍA

RAFAEL entra al enorme patio cerrado y vacío de la escuela. Habla por el celular.

> RAFAEL
> ¡Te juro que estoy ahí! Bueno, tuve una emergencia, qué querés que haga...

RAFAEL se frena. Ve en el medio del patio, sentada sobre su mochila y llorando, a VICTORIA, 8 años. Junto a ella, de pie, hablando por celular, SANDRA.

Aún no lo han descubierto, semioculto por los pizarrones con mensajes y dibujos.

SANDRA

¡Vos te creés que yo no trabajo! ¡Tengo cosas mucho más importantes que tu restaurante de mierda!

RAFAEL

¡Ah, bueno! ¡Perdón, doctora! ¿Victoria está bien?

SANDRA

Sí, bárbaro, llorando de alegría por el padre que le tocó.

RAFAEL corta el teléfono.

RAFAEL

¡Te prohíbo que me vuelvas a hablar así delante de mi hija!

SANDRA se sobresalta. VICTORIA mira expectante, a punto de llorar nuevamente. RAFAEL toma la mochila con rueditas de VICTORIA y extiende la mano hacia su hija.

SANDRA

¿Ah, sí? ¿Cómo querés que te hable?

RAFAEL

Sabés perfectamente cómo. Vamos.

SANDRA, en su bronca, no sabe qué decir. RAFAEL se va, arrastrando la mochila. VICTORIA un paso detrás.

SANDRA

¡Encima te ofendés! ¡Lo menos que podés hacer es pedirme disculpas, ya que me arruinaste el día!

RAFAEL

Y vos la vida, no saqués cuentas que salís perdiendo.

SANDRA

No, querido. La vida te la arruinaste solito. Ahí no me debés nada.

RAFAEL

(Furioso.) ¡Yo no le debo nada a nadie! Vamos.

Da media vuelta y se va. VICTORIA lo sigue, callada.

SANDRA

Victoria, ¡vení acá! Vení, dame un beso.

RAFAEL

¡Victoria!

VICTORIA camina hacia la madre.

SANDRA

¿Qué pasa, mi amor, te querés quedar conmigo hoy?

RAFAEL

¡Victoria! ¡Vamos!

SANDRA

¡Ahora esperá vos! ¿Eh?

VICTORIA

Papá se lleva la mochila...

RAFAEL está a punto de salir de la escuela.

SANDRA

¡Se quiere quedar, Rafael!

RAFAEL se da vuelta y se da cuenta de que VICTORIA está con SANDRA.

SANDRA *(Sigue.)*
¡Se quiere quedar!

RAFAEL
¡Victoria, vení para acá! Hoy es jueves.

VICTORIA
(A Sandra.) Es jueves hoy.

SANDRA
¿Querés ir?

VICTORIA gime, torturada por la elección, paralizada.

VICTORIA
(A punto de llorar.) Es jueves, mami. Me toca con papi.

SANDRA le da un beso. VICTORIA corre hacia RAFAEL. SANDRA mira alejarse a su hija. Se deja caer en un banco, rendida.

INTERIOR - COCINA LOFT DE RAFAEL - DÍA

RAFAEL, audífono «manos libres» en la oreja, teléfono en la cintura, fríe unas milanesas mientras VICTORIA pone la mesa. Las seca sobre papel madera.

RAFAEL
Pará, Nacho, pará, pará, no te desesperes, no te desesperes, nos va a mandar el vino. Decíle que me llame a mi celular. Yo voy en un ratito, chau. *(Cuelga.)*

VICTORIA
Papi, estas milanesas están aceitosas, ese papel no absorbe.

RAFAEL
¿Qué te pasa? No te pongas hinchapelotas que de vos no me puedo divorciar.

INTERIOR - LOFT DE RAFAEL - DÍA

Están comiendo. Mientras habla, VICTORIA seca cada pedacito de milanesa con papel higiénico.

VICTORIA
... y de cuarto a séptimo grado escribimos una poesía...

RAFAEL
Después sacate los aparatos para comer, ¿eh?

VICTORIA
¿Y adiviná quién ganó?

RAFAEL
¿Quién?

VICTORIA
¡Yo!

RAFAEL
¿En serio?

VICTORIA
¡Sí!

RAFAEL
No lo puedo creer.

VICTORIA

¿Por qué no? ¿No puedo?

RAFAEL

No, no, más bien que lo puedo creer. Pero... digo, ¡qué sorpresa! ¿La petisa poetisa?

VICTORIA

Sí, la voy a recitar en el próximo acto, ¿vas a venir, no?

Suena el celular. RAFAEL atiende.

RAFAEL

Por supuesto, cómo me lo voy a perder. Comé ensalada también. Hola. Molina. ¿Qué pasó con el vino, viejo? ¿Mmm? *(Se pone serio.)* No, no, pará, tranquilizate un poco. Calmate.

Le hace señas a VICTORIA de que espere, y se va a su pieza. RAFAEL trata de hablar en voz baja, pero VICTORIA sigue escuchando, mientras come las milanesas y las seca pulcramente.

RAFAEL *(Off-sigue.)*

No. Me parece que está fuera de lugar que me digas una cosa así... ¡Che! No, no me digas chanta. No, nosotros depositamos la plata hace tres días... ¿Yo alguna vez te quedé debiendo alg...? ¡A la mierda te vas vos, che!

VICTORIA trata de comer sin prestar atención, pero vemos que está luchando contra el llanto.

RAFAEL *(Off-sigue.)*

¡Sí! Pará, pará un cachito, pará un cachito, pará un cachito. Ehhh... disculpame. Mandame el vino, por favor... Sí, mañana tenés la guita, quedate tranquilo... es que estoy un poco nervioso, disculpame, qué voy a hacer. Sí. Sí. Mandame seis cajas de blanco también que siempre alguien de mal gusto aparece. Bueno. Chau. Y gracias.

A VICTORIA se le caen las lágrimas, pero trata de disimular. RAFAEL vuelve, haciéndose el que no pasó nada.

RAFAEL *(Sigue.)*

¿Así que otro acto, en el cole? Se la pasan de joda en joda en ese colegio. ¿Pero no fue hace poquito que te disfrazaste de Gazpacho?

VICTORIA

(Inaudible.) Pikachu, papi.

RAFAEL

Bueno, el embutido amarillo... ¡Vicki! ¡Vicki...! ¿Qué hice ahora?

VICTORIA se encierra en su pieza, con un portazo. RAFAEL se queda mascullando, sin saber qué hacer.

INTERIOR - HABITACIÓN DE VICTORIA - DÍA

VICTORIA está acostada, despierta. La puerta se abre despacito. Es RAFAEL. VICTORIA se hace la dormida.

RAFAEL

Vicki... Hija... ¿Estás dormida?

RAFAEL ojea su reloj, nervioso. Putea en silencio. Siente el ruido de la puerta. Va a ver.

INTERIOR - LOFT DE RAFAEL - DÍA

RAFAEL se asoma. NATI acaba de entrar. Tira la cartera en el sofá, y se apoya en la barra, cansada, bajoneada. Espira como queriendo tranquilizarse, mientras niega con la cabeza.

                RAFAEL
Nati...

Al ver a RAFAEL, NATI sonríe. De repente es la chica 10. Empieza a hacer café.

                NATI
Hola, mi amor. ¿Está Vicki?

                RAFAEL
Sí, está arriba durmiendo. ¿Cómo te fue?

                NATI
Mejor que ayer, me maltrataron en tres entrevistas nada más.

INTERIOR - LOFT DE RAFAEL - DÍA

Los dos se ríen, besándose. Se oye un ring lejano. RAFAEL mete la mano debajo de NATI, quien cierra los ojos esperando una caricia. Pero RAFAEL saca la mano con el celular. NATI le agarra la mano para arrancarle el celular. Luchan, medio en chiste. RAFAEL se aparta de ella y la detiene con su mano libre. Atiende.

                RAFAEL
¡Hola!

NATI hunde la cabeza en el pecho. Se abrocha la camisa.

RAFAEL *(Sigue.)*
¿Qué pasa, viejo? ¿No pueden estar un minuto solos? Estoy con Vicki en casa... No, nada, no hagas nada. Yo voy para allá. Chau. *(Cuelga.)* Lo siento, linda.

RAFAEL la besa, NATI no responde con el mismo entusiasmo.

INTERIOR - RESTAURANTE - NOCHE

El restaurante está lleno. RAFAEL lidia con la caja y el teléfono.

RAFAEL
... va perfectamente acondicionado en cajas térmicas... Cómo no. Muy bien. Adiós. *(Cuelga, le habla al teléfono.)* ¡Pedís pasta por teléfono y te hacés el duque! *Fettuccinis alla gelatina* te van a llegar.

Un hombre, 42 años, con anteojos negros y traje entra al local. Mira serio alrededor. RAFAEL se acerca a él con un menú.

RAFAEL *(Sigue.)*
Buenas noches, ¿fumador o no fumador?

HOMBRE
¿Propietario o encargado?

RAFAEL
Soy el propietario. ¿Va a cenar o no?

El hombre sonríe levemente. Asiente con la cabeza. Le da la mano. RAFAEL la estrecha. El hombre no la suelta.

> HOMBRE
>
> Cabo Reyes, Policía Federal, prevención del delito. Estoy investigando una denuncia.

> RAFAEL
>
> ¿Contra este restaurante?

INTERIOR - COCINA - NOCHE

Entran. NACHO ayuda. FRANCESCO cocina. El HOMBRE calla a RAFAEL con un gesto. Observa todo a su alrededor.

> RAFAEL
>
> Perdóneme, oficial, ¿me permite su identificación, por favor?

Un mozo sale con una bandeja con un plato de ravioles. El HOMBRE lo detiene.

> HOMBRE
>
> Un momento. Uno, dos, tres... ¿Catorce? ¿Y ésta es una porción? Va a tener que intervenir defraudaciones y estafas también.

Cuando escucha esto, NACHO se queda duro. El HOMBRE prueba uno de los ravioles, se pasa el relleno por las encías.

> RAFAEL
>
> Oficial, si usted me dice exactamente qué es lo que está buscando, a lo mejor yo lo puedo ayudar.

NACHO se saca algo del bolsillo y trata de tirarlo.

HOMBRE

Quieto ahí. Abra esa mano.

NACHO

(Con una mano cerrada.) ¿Qué mano?

RAFAEL

(Lo quiere matar.) La mano que tenés cerrada, Nachito.

NACHO

¿Por qué? ¿Qué, eh? Que me muestre la orden de cateo primero.

RAFAEL

Abrí la mano, Nacho.

NACHO, temblando, abre la mano. Tiene un porro estrujado. El HOMBRE se lo saca.

FRANCESCO

Otro quilombo más.

RAFAEL

Disculpe, oficial... eh... tiene problemas... Tiene problemas desde chico... Es... está en tratamiento... es, es... como un síndrome... es un pelotudo. Se está tratando, pero... ¿No existe la posibilidad de que podamos arreglar esto de una forma más... civilizada?

HOMBRE

¿Usted me está ofreciendo plata? *(De repente habla como un correntino.)* Dezacatáu, lo voy a *hazer yepimpirotear* en el calabozo.

Se quedan todos duros. El hombre se saca los anteojos y se acerca a RAFAEL.

>HOMBRE *(Sigue.)*
No podrá escapar al implacable asedio del inspector Gerard, obsesionado con su captura.

Y RAFAEL, dubitativo, lo reconoce.

>RAFAEL
¿Juan Carlos Colombini?

>JUAN CARLOS
Escuela Nacional Normal Mixta General José Gervasio Artigas.

>RAFAEL
¡Te mato, boludo!

>JUAN CARLOS
No, boludo, que vas en cana en serio.

Se empiezan a reír los dos.

>RAFAEL
¿Qué hacés, boludo?

>JUAN CARLOS
Y, acá, haciéndote entrar como siempre, boludo.

Se abrazan los dos, riéndose.

>NACHO
Devolveme el porro, boludo.

INTERIOR - RESTAURANTE - NOCHE

RAFAEL conversa con el profesor. JUAN CARLOS, en la barra, mira fotos familiares en la pared. Hay una de NORMA y NINO, jóvenes, con RAFAEL de diez años en el medio, posando frente al restaurante. Sonríe. Otra de RAFAEL con VICTORIA, en brazos, más chica. Sigue mirando y algo lo sorprende. Un enorme retrato de NORMA joven, sonriente, hermosa. RAFAEL llega detrás de él.

JUAN CARLOS
¿Te acordás de los polvorones de tu vieja?

RAFAEL
Los polvorones, me quiero morir.

JUAN CARLOS
Por Dios... ¿Y cómo anda, che?

RAFAEL
Ahí anda. Tiene Alzheimer.

JUAN CARLOS
¿Y esa qué es? ¿Una nueva?

RAFAEL
Pierden la memoria.

JUAN CARLOS
¡Uy, Dios, no me digas, viejo, por favor!

RAFAEL
Pero hablame un poco de vos. ¿Qué hacés? ¿De qué laburás?

JUAN CARLOS
Yo soy actor.

RAFAEL

(Disimula estar impresionado.) Ah, mirá...

JUAN CARLOS

Sí. Trabajo mucho en cine. La última que hice es *Esa maldita costilla*. ¿No me viste ahí?

RAFAEL

No, yo cine argentino no veo, viste lo que es andar corriendo atrás de las cuentas todo el día...

JUAN CARLOS

No, yo realidad argentina no veo.

RAFAEL está pendiente del restaurante. JUAN CARLOS lo nota.

JUAN CARLOS *(Sigue.)*

Bueno... Digo... Nos podríamos ver en otro momento, igual ¿no? Total, ahora que hicimos contacto, nos vamos a volver a ver, ¿no?

Su gesto es casi un ruego. RAFAEL se siente incómodo.

RAFAEL

Claro, claro... Te doy un imancito... Igual están todos los teléfonos ahí.

JUAN CARLOS toma el imán. Saca algo de su bolsillo.

JUAN CARLOS

Yo te dejo mi tarjeta. Seguro que todavía no llenaste el álbum. La tengo repetida, guardala.

RAFAEL la mira. Es una vieja figurita de El Zorro.

                JUAN CARLOS *(Sigue.)*
  Qué lindas fotos, ¿eh? ¡Linda familia!

                    RAFAEL
Chau.

RAFAEL extiende la mano. JUAN CARLOS lo abraza. Se pone los anteojos y se va caminando como un policía. De la puerta se da vuelta, se ríe y saluda. RAFAEL se queda mirándolo.

INTERIOR - RESTAURANTE - NOCHE

RAFAEL está solo, sentado en la caja, haciendo cuentas. Después de un segundo mira las fotos de la pared.

INTERIOR - RESTAURANTE - NOCHE

En el fondo del restaurante, está sentado, mirando la foto en la que está él de chico, flanqueado por NORMA y NINO. Le quita el polvo. Sonríe. Un golpe en la puerta lo distrae. Es NINO.

EXTERIOR - RESTAURANTE - NOCHE

Abre la puerta.

                    RAFAEL
¡Papi! ¿Qué hacés?

                    NINO
Te traje un regalito.

Le da un *tupper*. RAFAEL lo abre. Adentro hay tiramisú.

RAFAEL
Vení, pasá, pasá. ¿Qué trajiste? Acá hay tiramisú, papá...

NINO
No, acá tienen una compota de Mendicrim con borra de café incomible. Éste es mascarpone para festejar el cumpleaños de mami.

RAFAEL
Uy, cierto, vení. La casa invita el brindis.

INTERIOR - RESTAURANTE - NOCHE

Están sentados al fondo. RAFAEL sirve el champagne.

RAFAEL
Bueno; feliz cumpleaños, mami.

Brindan. RAFAEL prueba el tiramisú. NINO lo mira, expectante, tiene algo en mente.

RAFAEL *(Sigue.)*
Mmm, qué rico. No hay vuelta que darle, tiene que ser mascarpone. Pero lo que pasa es que es prohibitivo, pa.

NINO
Hace varios días que vengo pensando... A mí, esto de mami... *(RAFAEL lo mira, expectante.)* Estoy como estancado en casa, el día se me hace largo y... Bueh, yo quiero empezar un ciclo nuevo.

RAFAEL

Muy bien. Me parece fantástico, pa. Salí, tenés que salir, encontrarte con tus amigos, traelos acá... ¡Date todos los gustos, pa!

NINO

Yo a mami le di todos los gustos.

RAFAEL

Más que eso. Decía «tal vestidito me gusta» y a la noche, Paganini, pumba, el vestidito estaba en casa.

NINO

Es que me gustaba verla contenta. Esa sonrisa que tenía... Ojo, que ella también hizo sacrificios por mí. Vos sabés muy bien que para mí eso de casarme por la Iglesia... es una cuestión de principios, qué querés que le haga. Yo siempre pensé mucho...Imaginate, una chica de barrio, su sueño dorado, ¿cuál es? Casarse de blanco, ¿no? Con las flores y todo el circo ese... y por respetar mis ideas, no lo hicimos. Así, ella también hizo sacrificios por mí.

RAFAEL

Bueno, los dos siempre se quisieron mucho. Yo creo que vos... no tenés nada de que arrepentirte.

NINO

Mirá, Rafa... Yo tengo una platita ahorrada, no mucha. Y con mami siempre tuvimos la idea de hacer un viaje largo por Italia, visitar mi pueblo... Y la verdad que ahora, con esa plata...

RAFAEL

¿Y por qué no vas vos? ¡Hacelo vos, andate a Italia, dale! ¿Eh? Por el geriátrico no te preocupes, lo pago yo. ¡Hacete ese viaje, papá!

NINO

No, qué viaje, qué viaje. Quiero usar esa plata para casarme con Norma por la Iglesia.

RAFAEL se queda duro. Pausa larga. NINO lo mira.

NINO *(Sigue.)*

Como regalo de cumpleaños... Mejor que un osito, ¿eh?

RAFAEL

¿Y ese es tu ciclo nuevo, pa? ¿Tus ideales, tus principios, qué pasó?

NINO los desecha a todos con un simple gesto de desdén. RAFAEL lo mira conmovido. Cuando habla, su tono es tierno, aunque condescendiente.

RAFAEL *(Sigue.)*

Es una locura, papi, no la podemos hacer pasar a ella por todo ese despelote...

NINO

(Implorante.) Se va a poner contenta. Es el único gusto que no le di.

RAFAEL

No se va a dar cuenta, papá... No se va a dar cuenta... Es así, es una enfermedad de mierda, pero es así... No se acuerdan..., dentro de poco ni se va a acordar de nosotros.

NINO

Algo se va a dar cuenta. Aunque sea un poquito, algo se va a dar cuenta... y para mí, con eso, ya...

No puede hablar más. Sólo lo mira suplicante. RAFAEL sonríe.

RAFAEL

Te diste manija, papi. No sé, con lo del cumpleaños, te diste manija. Pensalo en frío mañana...

NINO

Lo que yo te estoy pidiendo es que me ayudes... ¡Rafa! Es una cosa que no puedo hacerla solo...

RAFAEL

Pero es que no le va a hacer bien a ella, papá. Dejala que descanse ya. ¡Andá, hacé ese viaje, hacelo! Vas a volver hecho un pibe, ¡haceme caso!

NINO se vuelve a encoger de brazos, junta miguitas inexistentes en la mesa. RAFAEL prueba el tiramisú. Gime con placer.

RAFAEL *(Sigue.)*
¡Esto es espectacular! ¿Por qué no lo hacés vos, el tiramisú? Te venís acá, y hacés el tiramisú «Nino». ¿Te gusta?

NINO concede una sonrisa. Se quedan los dos callados.

INTERIOR - HABITACIÓN DE VICTORIA - NOCHE

VICTORIA está durmiendo abrazada a NATI. RAFAEL las mira desde la puerta y sonríe.

INTERIOR - LOFT DE RAFAEL - NOCHE

Se sienta en el sofá, con una porción de tiramisú. Toma un sobre de papel madera. Prende la TV, están dando las noticias del día. Cambia de canal hasta encontrar a *El Zorro*. Pone bajito.

Saca la foto de los padres con él del sobre y la mira. Se relaja. Prueba el tiramisú y gime con placer.

De a poco, se empieza a sentir incómodo. Trata de respirar pero le cuesta. Siente algo en el pecho. Abre la boca para respirar, se le cae la foto. Trata de llamar a NATI, pero la voz sale débil, se babea tiramisú.

      RAFAEL
 Nati... Nati...

Trata de pararse, pero se cae al suelo, de cara sobre la foto, arrastrando la mesita de luz. En la TV, El Zorro lucha contra el Capitán Monasterio. Aparece NATI.

      NATI
 ¿Qué pa...? ¡Rafael!

RAFAEL mira la foto. Su voz es un murmullo inaudible.

      RAFAEL
 Mami...

INTERIOR - HOSPITAL - NOCHE

Montaje frenético. Subjetiva de RAFAEL, dopado. Perspectiva distorsionada, pedazos de cuerpos, movimientos ralentizados. Sonidos distantes. Se abre la ambulancia, los médicos miran a RAFAEL. A un enfermero se le escapa una manija y RAFAEL se cae a un costado.

Dos camillas tienen que entrar en el ascensor. Hay lugar para una. Los médicos discuten. RAFAEL escucha a su médico: «Infarto». El otro médico anuncia triunfalmente: «Derrame cerebral». RAFAEL masculla un «Déjenlo, déjenlo». La camilla se traba al subir al ascensor, dejando la cara del joven con daño cerebral al lado de RAFAEL.

RAFAEL ve pasar a los que esperan, los que duermen y los que lloran. Ve venir la puerta de «Terapia Intensiva». Ve cuando le pinchan el brazo para inyectarle el suero. Un médico le toca la cola a una enfermera. La enfermera le tira el líquido de una jeringa.

NATI y VICTORIA miran por una ventana. VICKI no llora. Apenas se entiende la voz de RAFAEL: «Mi amor... mi vida...».

FUNDE A NEGRO

INTERIOR - HABITACIÓN DE HOSPITAL - NOCHE

Sobre negro, se oye a NORMA, joven.

NORMA *(Off.)*
Rafael... Rafael... Vamos, arriba...

Y RAFAEL se despierta. Es de noche. Mira hacia un costado. Hay solo una cama más, con una mujer anciana durmiendo, llena de suero y tubos.

Mira hacia el otro costado, y ve a NATI durmiendo en una silla, una revista *Cosas* caída sobre su falda.

RAFAEL
Nati...

NATI se despierta. Al verlo a RAFAEL, sus ojos se llenan de lágrimas y, sin decir nada, sonríe, descargando la tensión de estos días. Lo abraza. RAFAEL está duro, mirando a su alrededor, volviendo en sí. Apenas apoya su mano en la espalda de NATI.

INTERIOR - HABITACIÓN DE HOSPITAL - NOCHE

RAFAEL está despierto, mirando al techo. Al lado de él, NATI sirve agua.

NATI
Está un poco caliente el agua, pero ahora bajo y te compro una botella... No sé si estará abierto... Bueno, si no...

RAFAEL
¿Sabés cuál es mi sueño?

NATI
No...

RAFAEL
Uno sólo tengo. Hace veinte años tenía montones, ahora tengo uno solo.

NATI
Aguante, Belvedere.

RAFAEL
Porque, mirá, yo tengo 42, aunque se me dé un sueño por año no llego, no me cierran los números. Así que no me queda más remedio que negociar, abandonar todos mis sueños anteriores y quedarme con uno solo. Lo único que pido es que mínimamente se me dé.

NATI

¿Y cuál es tu sueño?

RAFAEL

Irme a la mierda. *(*NATI *sonríe.)* No puedo más... Hice todo mal, tanto preocuparme por todo el mundo. Tanto laburo para... ser «alguien»... Al final, lo único que tengo es un restaurante que no le interesa a nadie... Tenía razón mi vieja...

NATI le apreta la mano, sonriendo.

RAFAEL *(Sigue.)*

Me quiero ir a la mierda. No sé adónde, lejos, qué se yo... México. Siempre soñé con México desde... no sé por qué. Estar ahí, yo y mi alma, tirado todo el día, sin proveedores, sin cuentas, sin bancos, sin preocupaciones. Nada...

La sonrisa de NATI va cayendo imperceptiblemente, a medida de que se da cuenta de que ella no figura en el sueño.

RAFAEL *(Sigue.)*

Tener tiempo para leer... Irme a la mierda, sin que nadie me joda... *(Suspira.)* Ése es mi sueño...

NATI no sabe qué decir. No entiende bien, pero seguro que una declaración de amor esto no es. Le suelta la mano.

RAFAEL *(Sigue.)*

Y vos... ¿cuál es el tuyo?

La pregunta la desconcierta. Con un resto de orgullo, cubre su desilusión.

NATI

¿Mi sueño? No, no sé... Yo qué sé. No sé.

RAFAEL

Sí, también mirá lo que te vengo a preguntar a esta hora. Andá a dormir, bebé. Yo estoy bien, no te preocupés. Andá.

NATI

Sí, mejor me voy.

NATI no habla para no perder la compostura.

INTERIOR - PASILLO DE HOSPITAL - NOCHE

NATI sale de la habitación. JUAN CARLOS, con un ramo de flores, está sentado en el pasillo y la ve irse.

A medida que NATI se aleja, camina más despacio, hasta que al llegar al final del pasillo tiene que apoyarse en la pared. Vemos por su cuerpo que llora.

JUAN CARLOS se acerca y la interrumpe en pleno llanto.

JUAN CARLOS

Disculpame, ¿vos sos Nati?

NATI

(Se seca las lágrimas.) ¿Eh? Sí.

JUAN CARLOS

¿Qué tal? Juan Carlos, un amigo de Rafael, hablamos por teléfono hoy. *(NATI asiente. JUAN CARLOS nota su estado.)* ¿Está bien Rafael? ¿Pasó algo?

NATI

No, está de lo más bien, duerme como un bebé.

JUAN CARLOS

¿Y vos estás bien?

NATI

(Sorprendida.) Sí, estoy bien. ¿Qué hacés acá?

JUAN CARLOS

Vine de visita.

NATI

Bueno, son las dos de la mañana.

JUAN CARLOS

Sí, se me hizo un poco tarde. Lo que pasa es que, bueno, la filmación se retrasó y... ¿Seguro que estás bien? ¿No querés que vayamos a tomar un café?

NATI lo mira y le sonríe, entre lágrimas. Dulcinea hizo menos para conquistar al Quijote. JUAN CARLOS la mira, fascinado.

NATI

No, no, estoy de lo más bien... Lo que pasa es que todo esto me... Además mañana tengo una entrevista de laburo y me tengo que levantar re-temprano. Bueno, en otro momento, ¿no?

JUAN CARLOS

Dale, dale, me encantaría.

Lo besa y se va. JUAN CARLOS se queda mirándola. Mira a la habitación de RAFAEL, con curiosidad.

INTERIOR - PASILLO DE HOSPITAL - NOCHE

RAFAEL sale. Ve a alguien acostado durmiendo en una silla. Se acerca. Es JUAN CARLOS, con el ramo de flores sobre el pecho y entre ambas manos, como un muerto.

RAFAEL
Che, Juan Carlos...

JUAN CARLOS se despierta de repente. Al ver a RAFAEL se levanta, asustado.

JUAN CARLOS
¿Qué hacés acá?

RAFAEL
Estoy internado acá, boludo.

JUAN CARLOS
¿Qué hacés acá? ¡Enfermera! *(RAFAEL se resiste.)* Ya mismo te venís para tu cama.

JUAN CARLOS lo sienta en la camilla. Aparece una enfermera.

ENFERMERA
Sí, doctor, ¿qué pasa?

JUAN CARLOS
Acá se despertó el nene, me ayuda a llevarlo. Vamos, por favor. No es posible, viejo, tenés que estar descansando...

RAFAEL mira extrañado a JUAN CARLOS... ¿doctor?

INTERIOR - HABITACIÓN DE HOSPITAL - NOCHE

La ENFERMERA termina de poner a RAFAEL en la cama.

RAFAEL
Pero si estoy bien...

JUAN CARLOS
Callate un poquito, querido, y metete en la cama.

ENFERMERA
Bueno, doctor Maroy, lo dejo en sus manos.

JUAN CARLOS
McKoy. Doctor McKoy. No se preocupe, vaya nomás. *(Le regala las flores.)* Son para usted. La llamo cuando haya que darle el pecho.

ENFERMERA
(A RAFAEL, *mientras se va.)* Éste es uno. Gracias, doctor...

RAFAEL
¿Vos sos médico?

JUAN CARLOS
No, actor te dije. Pero si no los engrupo no me dejan quedar de noche.

RAFAEL
¿Vos te quedaste acá toda la noche por mí?

JUAN CARLOS
No. Me quedé por mi novia, ¿no es divina? *(Se para al lado de la vieja.)* Sus tataranietos se oponen, pero

lucharemos por nuestro amor. Más bien que vine por vos. Che, a propósito, es divina tu nena.

RAFAEL
Sí, es preciosa...

JUAN CARLOS
¡Y las tetas que tiene! Mírenmelo al jovato la pendeja que se enganchó.

JUAN CARLOS trae una silla y se sienta al lado de la cama.

RAFAEL
(Se ríe.) Ah, ésa es Nati.

JUAN CARLOS
Tan joven y cieguita, pobre.

RAFAEL
¿A mi hija la viste?

JUAN CARLOS
No.

RAFAEL
Pobre Vicki... Al final me perdí el acto...

INTERIOR - PASILLO DE HOSPITAL - DÍA

La mañana siguiente. JUAN CARLOS lo empieza a afeitar. RAFAEL lo mira, curioso, ¿quién es este tipo?

RAFAEL
Contame un poco de vos, che. ¿Te casaste, tenés familia?

JUAN CARLOS
Me casé, sí señor, con una mina bárbara. Y tuve una hija.

RAFAEL
¿Y, qué tal?

JUAN CARLOS
Y, para mí son como dos angelitos.

RAFAEL
Lindas.

JUAN CARLOS
(Serio.) No. Fallecieron. Pero digo que para mí son como dos angelitos de la guarda, porque están conmigo todo el tiempo, ¿viste?

RAFAEL
(Risa ambigua.) ¡Dejate de joder!

JUAN CARLOS
No, de verdad, fallecieron hace dos años.

RAFAEL se deja de reír de a poco, se queda serio.

RAFAEL
Perdoname, estoy...

JUAN CARLOS
No hay drama...

Los interrumpe un grito.

VICTORIA

¡Papi!

NATI y VICTORIA están paradas en la punta del pasillo. VICTORIA corre y abraza a RAFAEL, seria. RAFAEL la abraza fuerte, con lágrimas en los ojos.

JUAN CARLOS los mira con ternura. Levanta la vista y ve a NATI, parada en el fondo, ajena al momento entre RAFAEL y VICTORIA. Vuelve a mirar a RAFAEL, pensando.

INTERIOR - RESTAURANTE - DÍA

El restaurante está en penumbras y vacío. RAFAEL abre con sus llaves. NATI lo lleva del brazo. Caminan lentamente.

RAFAEL

¿Cómo no hay nadie? Falta una hora para abrir y no hay nadie. ¿No ves? El gato no está, y los ratones bailan.

Se oye desde la cocina la voz de FRANCESCO, con la música de *O sole mío*.

FRANCESCO

«O, cuoreeee míoooo...»

Se van sumando las voces, mientras la gente aparece de distintos lugares del restaurante: NACHO, NINO, otros empleados. NINO, de la cocina, lleva una torta con forma de corazón con una flecha clavada.

RAFAEL se sorprende. Se agarra el brazo izquierdo, con dolor. Todos dejan de cantar de golpe, asustados. RAFAEL sonríe.

RAFAEL
Epa, qué susto, ¿eh?

Todos ríen y dan la bienvenida. NATI le pega en el brazo.

INTERIOR - RESTAURANTE - DÍA

El restaurante está funcionando. RAFAEL está en una mesa con NINO y NATI.

NINO
¿Te quedás a comer?

RAFAEL regresa a la mesa. NATI instintivamente lo mira.

NATI
No sé... ¿Vos no tenías que hablar con tu papá?

NINO
Si es una cosa familiar podemos hablarla entre los tres, ¿no? *(Le guiña el ojo a* NATI.*)* Nacho, traete una rueda.

NATI está contenta, se siente parte de la cosa. NINO mira a RAFAEL, a la expectativa. RAFAEL busca las palabras.

RAFAEL
Sí, sí, claro... Bueno, no, es que... todo este tiempo que estuve... en terapia intensiva estuve pensando, qué sé yo, en muchas cosas, y... esto es muy estresante, para mí, papi, yo no quiero más problemas...

NINO
¿Querés vender?

RAFAEL
Bueno, no sé si es tan así el... Pero esta gente maneja las cosas de una forma mucho más...

NINO
Eficiente. *(RAFAEL asiente.)* Vendé. Vendé, vendé.

RAFAEL
¿No te molesta?

NINO se encoge de hombros, resignado. Niega con la cabeza. Está afectado, pero trata de sonreír.

NINO
Es que yo este restaurante lo empecé con Norma, yo cocinaba, ella atendía, era una cuestión de dos. Me acuerdo que siempre discutíamos de por qué venía la gente. Ella decía por la cocina, y yo decía que por su atención. Es que Norma era una cosa... Ella sí que era la especialidad de la casa. Con esa sonrisa que tenía, ¡ma' qué cartel luminoso! *(Señala el retrato sobre la caja.)* Imaginate, entraba la gente y ¡bum! se encontraba con... con esa pintura y ahí nomás se les aparecía la Norma verdadera...

Durante la siguiente narración, la cámara va siguiendo todos los lugares que describe NINO, como si NORMA estuviera en cuadro. Las palabras de NINO completan la imagen.

NINO *(Sigue.)*
Más alegre, más luminosa. Y claro, el... el cliente pensaba que había entrado, que sé yo, al paraíso, por lo

menos. Entonces ella les pedía que... que la siguieran, que los iba a llevar a la mejor mesa, eso se lo decía a todo el mundo, que los llevaba a la mejor mesa. Y todos se lo creían, porque si ella te llevaba..., era la mejor mesa. Te hacía sentir como si fueras el único. Con Francesco nos reíamos porque cada vez que iba a la cocina, todos, ¿eh? TODOS, mujeres, niños, hombres, todos... se quedaban como embobados mirándola, no sabían si seguían en la tierra, si... si era un fantasma, tenían miedo de que no volviera... Y ahí, los volvía a sorprender. Anotando todo ahí, mirá..., junto a la caja, paradita como por arte de magia, como un ángel... *(La cámara termina sobre el retrato de nuevo.)* Mi ángel.

Silencio. NATI mira a NINO, iluminada.

NINO *(Sigue.)*
Y si el tuyo no está aquí..., tenés que ir a buscarlo a otro lado. Hasta que lo encontrés. ¿Eh? Rafa...

RAFAEL y NATI lo miran conmovidos. RAFAEL le aprieta la mano.

INTERIOR - LOFT DE RAFAEL - NOCHE

Nati y Rafael discuten en voz baja. De arriba se oye el sonido de un dibujo animado.

NATI
Pero ¿no te das cuenta? No es por ella que se quiere casar, es por él.

RAFAEL
¡No te metas! ¡No es asunto tuyo!

NATI

¿Cómo no le va a doler vender el restaurante? Es que está enfocando todo en tu madre... Él te da el restaurante a cambio de que vos le ayudes.

RAFAEL

Terminá con la psicología de café, no podés estar analizando siempre todo.

NATI

No estoy analizando, al contrario, vos sos el cerrado. ¿Por qué no abrís un poco más el corazón?

RAFAEL

¡Porque ya lo tengo abierto! Y en serio. Y éste, oh ironía del destino, de romance no entiende un carajo. Cuando revienta, revienta. Es muy fácil hacerse el poeta, hablar del amorrrr, los ángeles, las libélulas, total el que se los termina cargando a todos a caballito es el pelotudo de Rafael.

NATI

Bueno, está bien, no grites.

RAFAEL

¿Por qué no puedo gritar? ¡Estoy en mi casa! ¡Gritemos «vivan los novios», y tiremos arroz, ya está!

NATI

Yo no te digo que sea fácil. Pero si tu papá se quiere casar con tu mam...

RAFAEL

(Levanta la voz.) Ahí está. Es mi papá. Es MI viejo. ¿Vos qué dirías si me meto con cómo te abandonó TU viejo?

NATI
Pará. A mí mi viejo no me abandonó. Mi mamá se vino acá porque quiso, es muy distinto...

RAFAEL
No sé. Es un tema tuyo, es tu familia. Yo no me meto.

NATI
Vos nunca te metés en mis problemas, porque le tenés pánico al compromiso.

RAFAEL
No, no, pará, nena. Pará, pará, pará, a mí si me querés llevar a la cama, llevame, pero al diván no, ¿eh?

NATI
Te fuiste al carajo. No, lo dejaste atrás al carajo.

RAFAEL se calma.

RAFAEL
Natalia, no la puedo exponer a mi mamá a una cosa así. Sería un problema para ella, para mi viejo, para toda mi familia.

NATI
Bueno, perdoname. Pensaba que yo también era parte de tu familia.

RAFAEL la mira, serio. No sabe qué decir. Silencio.

RAFAEL
Nati..., tenemos que hablar.

NATI
Es lo que estamos haciendo, ¿no?

RAFAEL

No, no es eso, me gustaría que seamos un poco más libres.

NATI

¿Cómo libres?

RAFAEL

Libres. Libres, ¿no sabés lo que es cuando uno es libre? Libre, de libertad.

NATI

¿Y cuál es tu concepto de libertad?

RAFAEL

¡No, no empieces con eso, todo el mundo lo sabe! Mirá si a San Martín los soldados le hubieran planteado: «Discúlpeme, general, antes de cruzar la cordillera, ¿me define su concepto de libertad?». Qué sé yo, libres, ¿no entendés «libres»?

NATI

Sí, entiendo «libres». ¡A vos no te entiendo!

Suena el timbre. RAFAEL atiende el portero.

RAFAEL

Hola, ¿quién es? *(Se le cae la cara.)* ¿Qué hacés, Juan Carlos? No, no, está bien, pasá, pasá... *(Aprieta el timbre.)* ¿Qué mierda quiere este tipo ahora?

NATI

Los soldados de San Martín tenían algo por lo que valía la pena luchar.

RAFAEL

La libertad.

NATI

¿Y nosotros no somos algo por lo que valga la pena luchar?

RAFAEL

Bueno, OK, a lo mejor el ejemplo de San Martín no fue el mejor. San Martín era un prócer. Tendría sus quilombos, su familia, pero era un prócer, se la bancaba. Yo no me la banco. No quiero más problemas.

Suena el timbre y RAFAEL abre. JUAN CARLOS entra con un bolso grande.

JUAN CARLOS

¡Salu la barra! ¿Qué hacés, querido? *(Lo abraza.)* ¡Nati, pechocha! ¿Có te va? *(Se abraza con* NATI.*)*

RAFAEL

(Sorprendido.) Para haberse visto una sola vez... tienen bastante confianza.

JUAN CARLOS

¿Qué una sola vez? ¡Noches de lujuria hemos pasado en el hospital! ¡Y fuimos a cenar dos veces, mínimo una! ¿Eh? ¿No te contó?

RAFAEL

(Mira a NATI.*)* No, no me contó.

JUAN CARLOS

Eeeppaaaa...

RAFAEL

Pero me alegro, quiere decir que el único que la pasó como el orto en ese hospital fui yo...

JUAN CARLOS

Che, ¿llego en un mal momento?

NATI

No, yo ya me estaba yendo.

JUAN CARLOS

Entonces llegué justo para evitar esa desgracia. Dale, nos pedimos unas pizzitas y nos dejamos de joder.

NATI

No, es que me tengo que ir.

JUAN CARLOS

(Con un mohín.) Daaale...

NATI mira a RAFAEL, quien le hace otro mohín.

NATI

Bueno, está bien. *(A* JUAN CARLOS.*)* Pero me quedo por vos.

NATI le saca la lengua a RAFAEL. JUAN CARLOS se muere de emoción.

JUAN CARLOS

¡Eaeaeaeaaaaapepe! Che, yo sabía que hoy los visita la enana, por eso me vine preparado. ¿Está, no?

RAFAEL

Sí, creo que está...

JUAN CARLOS

(Yendo a la pieza, en voz alta.) ¿Dónde está la diosa?

VICTORIA

¿Juan Carlos?

NATI y RAFAEL no se hablan. RAFAEL va a tomar las pastillas. Ve, a través de la puerta, como VICTORIA corre a abrazar a JUAN CARLOS.

JUAN CARLOS

¡Sí, mi amor! Hooola. ¿Cómo estás, mi amor? *(La besa y la pincha con el bigote.)*

VICTORIA

¡Ay! ¿Por qué te dejaste los bigotes?

JUAN CARLOS

Porque tengo una nariz que merece ser subrayada. ¿Hay ganas de pizza?

VICTORIA

Sin anchoas.

JUAN CARLOS

¡Ajjj! Es chota la anchoa.

RAFAEL mira a VICTORIA sonriendo.

INTERIOR - LOFT DE RAFAEL - NOCHE

Montaje de momentos de la cena. RAFAEL se va enganchando.

JUAN CARLOS

Che, ¿te acordás de los caramelos media hora?

RAFAEL
Uuuff...

JUAN CARLOS
Vos sabés que de pendejo, una vez me comí uno, lo medí, veintiocho minutos, viejo. Fui al quiosquero a quejarme y el tipo me lo devolvió, mirá qué duque. Andá a quejarte ahora. ¡Ja!

RAFAEL
Media hora de patadas en el culo te dan ahora.

INTERIOR - LOFT DE RAFAEL - NOCHE

JUAN CARLOS
Pero no, ¡te digo que no!

RAFAEL
No seas caprichoso, te digo que se casaron.

JUAN CARLOS
¡Pero no se casaron! ¡Vivían juntos, pero no se casaron nunca!

RAFAEL
¿Qué estás diciendo? Nati debe saber. ¡Amor! ¿No que se casaron Maxwell Smart, con la 99?

NATI
Qué sé yo.

RAFAEL
Bueno, ésta no sabe un carajo. Se casó.

INTERIOR - LOFT DE RAFAEL - NOCHE

JUAN CARLOS
¡Pero qué bueno esa idea del casorio! Hay que hacerla...

NATI
¿Viste? Yo se lo dije.

RAFAEL
¡Otro más con eso, pero dejate de joder!

JUAN CARLOS
¿Cómo otro más?¿Pero... qué les vas a quitar, el romanticismo? *(Con acento español.)* Pero... ¿Cómo vas a hacer un...? ¡Pero tú no eres El Zorro! ¡Tú eres el malvado Capitán Monasterio! ¡Defiéndete!

Y la agarra a NATI, la pone delante de él y usa su brazo como espada. RAFAEL agarra a VICKI de la misma manera. Pelean como espadachines.

INTERIOR - LOFT DE RAFAEL - NOCHE

VICKI ya está dormida en el sofá. NATI está terminando de lavar. RAFAEL y JUAN CARLOS siguen en la mesa.

RAFAEL
... Mi papá se quedaba con ella en casa todo el tiempo, hasta que quedó claro que necesitaba atención médica permanente. Y desde que está en el geriátrico va todos los días. Llueva o truene, él está ahí. No abandona.

JUAN CARLOS

Mirá vos, qué grande, che, qué grande.

NATI

Bueno, chicos, me voy a acostar.

RAFAEL

Chau, que descanses.

JUAN CARLOS

Che, ¿se acordará de mí tu viejo?

RAFAEL

No, no creo, si estaba laburando todo el tiempo... *(Ve que* NATI *trata de levantar a Vicky.)* ¿Podés?

JUAN CARLOS

No, dejá, dejá que voy yo. Así ustedes se quedan solos. Yo me doy cuenta cuando jodo.

Se acerca a NATI y le murmura.

JUAN CARLOS *(Sigue.)*

Andá que yo ahora hablo con él, ¿sabés? *(En voz alta.)* Chau, linda.

Le da un beso rápido. NATI lo mira, sorprendida. JUAN CARLOS la mira embobado un segundo, alza a VICKI y se la lleva. RAFAEL se queda con NATI. Silencio. Fuerzan una sonrisa.

NATI lo besa y se va a dormir. RAFAEL va a la cocina y empieza a juntar botellas. Mira a la habitación. JUAN CARLOS no vuelve.

INTERIOR - HABITACION DE VICTORIA - NOCHE

RAFAEL mira desde la hendija de la puerta, y ve a JUAN CARLOS, sentado al borde de la cama, mirando a VICTORIA dormir, iluminada por la luna. Tiene la mano de ella entre las suyas, y los ojos húmedos.

EXTERIOR - CALLE - NOCHE

RAFAEL y JUAN CARLOS vienen de un quiosquito. JUAN CARLOS lleva una Coca de dos litros.

>JUAN CARLOS
> Fue en la ruta 9, ahí pasando Ramallo. Venían de Rosario... La cosa es que vos te creés que te sabés el resto de tu vida de memoria y un día un camionero cabecea y te quedás culo pa'arriba chupándote el dedo. Bah, ojalá fuera el dedo, yo me chupé todo, hermano. Ahí me empecé a desbarrancar un cacho, ¿viste? Empecé a faltar al laburo... Bueno, los amigos de a poco...

RAFAEL se frena, mareado.

> JUAN CARLOS *(Sigue.)*
> Pará, ¿qué te pasa, estás bien? ¿Te sentís bien? Che, Rafael...

> RAFAEL
> Sí, sí, sí... Me mareé un poco, nada más...

JUAN CARLOS lo toma del brazo. Siguen andando así.

JUAN CARLOS
Bueno, dale, dale, pero caminemos. Caminemos que el médico te dijo que tenías que caminar diez cuadritas... despacito, ¿sí?

RAFAEL
Decime, ¿qué decías de los amigos, y todo eso?

JUAN CARLOS
No, bueno, se fueron pudriendo de a poco, ojo, yo no los culpo, me viví un tango de dos años. Y un día, no sé cómo fue, ¿no? Después de una noche de borrachera absoluta, me levanté a las cinco de la mañana, en un charco de vómito. Un asco, che. Me metí en la bañera, viste, y mientras me estaba limpiando las gambas, me miré al espejito ese que tengo para afeitarme en la ducha... A mí me encanta afeitarme en la ducha, porque el vapor te afloja, bah, no, no es que te afloje, te abre los poros, bueh, yyyyy... un rato largo mirando, y mirándome, media hora como mínimo... y, de repente, dije «chan-chán».

Silencio. RAFAEL lo mira. JUAN CARLOS sonríe y toma más Coca-Cola.

RAFAEL
¿Y?

JUAN CARLOS
Y... nada más. Se acabó el tango, basta de moco, a rehacer mi vida. A buscar verdaderos amigos, y a otra cosa.

RAFAEL
¿Así nomás? Si me hubiera pasado a mí, sabés dónde estaba yo ahora.

JUAN CARLOS

Seré un tipo de suerte, qué sé yo. Pero la verdad también es que... ojo, cuidado acá, ¿eh? ...que cuando vos sabés que nada de lo que te pase va a ser peor que lo que te pasó, te da como... un cierto poder. Yo ya no me preocupo más por nada, ¿eh? Ni por la casa grande, el auto, las cuentas... No me caliento más por nada...

Pasa un taxista y les grita.

TAXISTA

¡Maricones!

JUAN CARLOS

(Furioso.) ¡Pero qué te pasa, la puta que te parió! ¡Andá a lavarte el ojete, fachista!

RAFAEL

Pará, pará, pará... No te calentés...

JUAN CARLOS

¡¿Pero... pero te das cuenta?!

RAFAEL

Dejalo...

JUAN CARLOS

¡Por Dios, viejo!

EXTERIOR - CALLE - NOCHE

RAFAEL está sentado en el cordón. JUAN CARLOS hace pis detrás de un arbolito. Canta.

JUAN CARLOS

¡Sargento García! ¡Sargento García! ¡Se escapa! ¡A él! ¡Lanceros! ¡A caballo! ¡Persigan al CHORRO! ¡CHORRO!

Y tira el chorro de pis para el lado de RAFAEL. Festejan.

RAFAEL

¡Gueashéee, bolú!

JUAN CARLOS

(Se sienta al lado de él.) ¿Sabés lo que no entiendo? Es por qué te peleaste con tu vieja, Rafa. Si es divina, tu vieja. Pasame la graciosa. ¿Te mandaste alguna cagada?

RAFAEL

No. Las normales, qué se yo. Anduve medio perdido unos años, pero... nada. No, la cagada fue cuando largué abogacía, ahí sí se vino la guerra. Yo no sé qué tenía soñado ella para mí, pero... me parece que no le cubrí las expectativas. Fue terrible... como si le arruinara la vida. Como si fuera el responsable... qué se yo de qué. Anduvimos no sé cuánto tiempo sin hablarnos. Yo saltaba de laburo en laburo, mal con Sandra, mal con todo, no me gustaba nada... Al final agarré el restaurante porque no me quedaba otra. Y ahí medio como que... empecé a asentarme un poco, a... armar algo. Bah, me terminó de cagar el matrimonio, pero me fue bien. Me fue bien. Lo levanté, porque estaba medio caído. Eso me hizo bien. Muy bien. Ahí, justo ahí, cuando... podía empezar a mostrarle algo, algo que podía hacer, para tirárselo en la jeta y que me deje de joder para siempre con que no era nadie, bah, qué se yo, para que se quede contenta... viene esta

puta enfermedad de mierda y ahora no lo puede ver.
No lo puede ver. Ahora no lo puede ver.

INTERIOR - CASA DE NINO. BAÑO - NOCHE

Suena el inalámbrico, que está en la mano de NINO. NINO está sentado, semidormido y se sobresalta. Lo atiende.

              NINO
¿Hola? ¿Qué pasó?

INTERIOR - LOFT DE RAFAEL - NOCHE

RAFAEL está en el teléfono. JUAN CARLOS con la foto de NINO, NORMA y RAFAEL en la mano, lo mira satisfecho.

              RAFAEL
No, papi, no, nada. Soy yo, Rafael. ¿Qué? ¿Estabas durmiendo?

INTERIOR - CASA DE NINO - BAÑO - NOCHE

Vemos que NINO está sentado en el inodoro.

              NINO
No, estaba pishando. ¿Qué querés?

INTERIOR - LOFT DE RAFAEL - NOCHE

                    RAFAEL

No, nada, queee... con eso del casamiento... Bueno, que si querés... yo te ayudo...

JUAN CARLOS aplaude en silencio.

INTERIOR - CASA DE NINO - BAÑO - NOCHE

                    NINO

¿En serio? Mañana mismo se lo contamos a mami entonces. ¿Y cómo para qué? Antes de casarme me tengo que declarar. ¿No? *(Se ríe.)* Bueno, pasá mañana a las diez. ¿Está bien? Hasta mañana... Che... gracias, hijo.

EXTERIOR - GERIÁTRICO - DÍA

En la puerta del geriátrico y lloviendo a cántaros, RAFAEL, NINO y VICTORIA tratan de protegerse del diluvio debajo del paraguas colorido de Pokemon que VICTORIA sostiene con dificultad en una mano mientras lleva un ramo de rosas en la otra. RAFAEL y NINO están agachados debido a la altura a la que sostiene el paraguas VICKI.

                    NINO

Bueh, ¿qué tal?

                    RAFAEL

Repintón, papi.

                    NINO

¿La opinión femenina?

>   VICTORIA
> Muy lindo, abu. Tomá las rosas.

NINO pone el ramo delante de él. CARMEN abre la puerta.

>   CARMEN
> ¡Hola, Nino! ¡Ay, qué churro, qué pinta!

>   NINO
> Necesito ver a Norma, urgente.

>   CARMEN
> Bueno, avanti...

INTERIOR - GERIÁTRICO - DÍA

CARMEN hace pasar a RAFAEL, NINO y VICTORIA. VICTORIA está muy nerviosa y seria. Mira a los viejitos con miedo.

>   CARMEN
> Ahí está, tranquilita.

NORMA está quieta, con el «gesto del león» propio del Alzheimer (la mirada en blanco).

>   RAFAEL
> Mami... Ma...

NORMA lo ve, e inmediatamente se pone a llorar. VICTORIA se asusta. RAFAEL la empuja suavemente hacia NORMA.

>   RAFAEL *(Sigue.)*
> Bueno, bueno, bueno. Bueno..., mirá quién vino. Mirá.

NORMA

(Ahora sonríe.) Linda nena..., linda. Un besito, dame un besito acá... Uy, qué bonita. ¿Cómo te llamás?

VICTORIA sonríe y se acerca. NORMA la abraza y la besa con ternura. VICTORIA está tensa.

VICTORIA

Victoria.

RAFAEL

Es tu nieta, mami. ¿Viste qué grande está? Irreconocible.

NORMA

Yo la conocí enseguida.

INTERIOR - JARDÍN DE INVIERNO DEL GERIÁTRICO - DÍA

Están los cuatro sentados alrededor de una mesa. NORMA juega con las servilletas, haciendo un desparramo en la mesa. VICTORIA está avergonzada.

RAFAEL

Mami, ¿sabés que a Vicki le gusta mucho la poesía?

NORMA

¿Y a mí qué me importa?

VICTORIA no levanta los ojos de la mesa.

RAFAEL

(A VICTORIA.*)* A mami también le gusta mucho la poesía. *(A* NORMA.*)* ¿No, ma? Dale, a ver, ¿cómo es? «Setenta balcones hay en...»

NORMA

Setenta boludos.

RAFAEL

Bueno, claro... Si no hay ninguna flor. Ma, mami... ¿Viste quién está acá?

NORMA mira a VICTORIA como si la viera por primera vez. La examina seria.

NORMA

Uy, qué nena más bonita... ¡qué linda es!

RAFAEL

¿Viste?

NORMA

¿Cómo te llamás?

VICTORIA mira a RAFAEL, seria, pidiendo ayuda.

VICTORIA

Victoria.

NORMA

Pero qué lindo nombre... Vení, mi amor, vení... Pero mirá qué bonita, con sombrerito...

La abraza con ternura. VICTORIA está tensa. NINO interviene.

NINO

Chicos, ¿por qué no se van por ahí a dar una vueltita? ¿Eh?

NORMA

Ponete un pulovercito... Qué bonita...

NORMA va a hacer un bollo con las servilletas. NINO le agarra la mano y la aprieta, sonriendo.

NINO

¿Qué tal, viejita?

NORMA

(Se encoge de hombros.) Y... acá. Mirá esto...

NINO

Lindos los purretes, ¿no?

NORMA

(Desafiante, como si NINO hubiera dicho que son feos.) No. Hermosos. Son hermosos. Son hermosos.

NINO

(La mira, medio abatatado.) ¡Cuarenta y cuatro años!

NORMA

¿Quién? ¿Vos? Vos no tenés cuarenta y cuatro. *(Al aire.)* Está loco.

NINO

(Se ríe.) Digo, que cuarenta y cuatro años que estamos juntos.

NORMA

¡Mentira! Él dice cualquier cosa, si está todo mal acá. Mirá esto acá, mirá acá...

NINO se ríe, llevándole la corriente. Busca las palabras, tímido. De repente, no hay diferencia entre NINO y un chico de 16 años declarándose por primera vez. Mira alrededor, asegurándose de que nadie lo escucha.

NINO

Lo que quiero decir es que... ¿No... no te gustaría que nos casemos?

NORMA

Sos loco.

NINO

(Ríe también.) Y, la verdad...

NORMA también se ríe y acaricia las manos de NINO. NINO toma la mano de NORMA entre las suyas, con amor, como antes, como siempre.

NINO *(Sigue.)*

Escuchame, ¿me escuchás? ¿No querés casarte conmigo?

NORMA acaricia las manos de NINO y ese contacto la conmueve. Por un instante ella también vuelve a tener 16 años. Ambos parecen adolescentes. Pone las manos de él en su cara.

NORMA

Mi novio...

NINO sonríe, satisfecho. Para él, dijo que sí.

INTERIOR - RESTAURANTE - DÍA

Domingo al mediodía. El restaurante está repleto. Gente esperando. Los mozos trabajando a full. El profesor come en su mesa. NINO habla por el teléfono del mostrador.

NINO

Hola, Sanguinetti... Sanguinetti... Nino, habla. ¡Nino Belvedere! ¿Cómo le va? Bien, bien, muy bien. Lo llamaba para avisarle que me caso... ¡Me caso, me caso! Y bueno, quería invitarlo al casamiento... *(Pausa.)* ¡Nino!

VICKI ralla queso en la cocina. NACHO entra con platos.

FRANCESCO

¡Nacho, sacame la sartén grande del fuego, que tengo que ir a hacer sociales!

NACHO

Hecho. *(NACHO sale de cuadro.)* ¡Ay, la puta que te parió!

VICTORIA

¿Qué pasó?

RAFAEL está agasajando a una mesa, con tres hombres. Prepara la especialidad de la casa, «La Rueda», revolviendo fettuccinis en una enorme horma de queso.

RAFAEL

Se hacen solamente los fideos en agua, sin aceite ni manteca. Y el mismo calor de los fideos va derritiendo el queso hasta mezclarse. *Signore* Marchioli, esto en Italia no existe. Esto es un invento de mi padre.

MARCHIOLI

Per la faccia, mi sembra un piatto molto interesante.

MARCHIOLI examina el menú con unos bifocales, hace gestos de duda.

RAFAEL
¡Sí! ¿Algún problemita con el menú?

MARCHIOLI
No, niente. Molto ambizioso.

FRANCESCO irrumpe.

FRANCESCO
¡*Commendatore* Marchioli, mucho gusto!

RAFAEL
Francesco, nuestro chef.

FRANCESCO
Piacere, de italiano a italiano.

MARCHIOLI
¿Italiano?

FRANCESCO
Italianísimo.

MARCHIOLI
¿Di ché reggione?

FRANCESCO
Del sur. Llavallol, al lado de Turdera, Gran Buenos Aires...

RAFAEL
Francesco es garantía de clientela.

SCIACALLI intercede.

SCIACALLI

El señor Marchioli va a examinar los contratos y el jueves firmamos. ¿Qué le parece?

RAFAEL

Ah, así tan rápido, no lo esperaba...

SCIACALLI

¿Para qué esperar? Golpeemos en caliente.

RAFAEL

No, claro, por supuesto, muy bien, muy bien. Voy a abrir una botella de champagne, así festejamos. Con permiso. Atendeme acá. Permiso...

RAFAEL deja a FRANCESCO a cargo de la mesa y va hacia la cocina, triunfante. Pasa junto a NINO, que sigue en el teléfono.

NINO

¿Pirucha? Nino Belvedere. ¿Cómo estás? Con muy buenas novedades... Dame con tu papá... Ah... Y, pero... ¿Se lo puede ir a visitar?

INTERIOR - COCINA - DÍA

VICTORIA está rallando queso. RAFAEL limpia el polvo de una vieja botella de champagne, mientras canta y baila. Un mozo está vendando la mano de NACHO, quien aparta la vista de su mano como si estuvieran por amputarlo.

RAFAEL

¡Nacho! ¿Qué te pasó ahora?

NACHO

No sabés qué me pasó, tengo la mano en carne viva, siento así como un fuego... ¡No, no!

RAFAEL

¿No ves que sos un pelotudo?

VICTORIA

Ay, papi, se quemó.

Pero RAFAEL se olvida de NACHO cuando suena su celular.

RAFAEL

(Atiende.) ¡Perdón! ¿Quién es? ¡Uh, Sargento García, cómo le va! No, oíme... Hablé con mi viejo, le pregunté, no se acuerda para nada de vos... Después te lo presento... *(A un mozo.)* Poneme esto en un balde y llevámelo a la mesa. *(Al teléfono.)* ¿Eh? Sí, tomé las tres, sí, las tres...

INTERIOR - RESTAURANTE - DÍA

NINO intenta de nuevo.

NINO

¿Marta? Nino, Nino Belvedere... ¿Cómo estás, tanto tiempo? ¿Y Julio? *(Se queda serio.)* ¿Y por qué no me avisaron...?

INTERIOR - COCINA - DÍA

RAFAEL, en la cocina, sigue con JUAN CARLOS.

            RAFAEL

No, no, ahora no puedo... Es que estoy con toda la gente del... Mañana, en todo caso. Sí, sí, mañana... ¿Qué? ¿Qué? ¡Sí, corto yo primero, qué carajo me importa!

Sale de la cocina con la botella de champagne.

INTERIOR - RESTAURANTE - DÍA

RAFAEL, botella en mano hacia la mesa de MARCHIOLI. Pasa junto a NINO aún en el teléfono, pero ya sin entusiasmo.

            NINO

¿Norita? Nino Belvedere..., bien... Decime, ¿Alberto vive?

EXTERIOR - CASA SANDRA - NOCHE

VICTORIA toca el timbre del portero. RAFAEL espera detrás.

            SANDRA *(Off.)*

¿Sí?

            VICTORIA

Vicki, mami.

Sonido del portero. VICTORIA ofrece un beso a su padre.

            RAFAEL

No, esperá. Subo con vos, así la saludo a mami.

INTERIOR - CASA SANDRA - NOCHE

SANDRA abre la puerta. Se queda dura al ver a RAFAEL.

RAFAEL

Hola...

SANDRA

No avisaste que subías.

RAFAEL

Ah, perdón...

SANDRA

No, no, está bien...

A RAFAEL se le congela la sonrisa cuando descubre a DANIEL, 58 años, el «amigo» de SANDRA, de sonrisa afable y congelada también, sentado con los pies en la mesa ratona, en medias (una rota), comiendo una aceituna. Se sienta derechito, de repente, volteando un platito con maníes. Escupe la aceituna en un sapito carocero.

RAFAEL

Parece que llegué para el vermouth.

VICTORIA

(Corriendo hacia DANIEL.) ¡Hola, Dani!

Lo abraza y le da un beso. Lo saluda con dos dedos. DANIEL responde, como si fuera un código. DANIEL es una estaca de sonrisa incómoda y congelada. RAFAEL desvía la mirada, incómodo y celoso.

SANDRA

Él es Daniel... eeh...

DANIEL se levanta y extiende la mano y el cuerpo. RAFAEL estrecha la mano rápidamente.

RAFAEL
Rafael, el padre de Vicki.

DANIEL
Sí, te conozco por foto.

RAFAEL mira las paredes, buscando las fotos. En toda la pared sólo hay un autorretrato de Frida Kahlo.

RAFAEL
¿Fotos mías? Pensé que no quedaban más, excepto aquella, que es de antes de que me depilara.

DANIEL
No, de... fotos de, estuve viendo álbumes familiares.

RAFAEL
Ajá... ¿Le mostraste *todas*?

SANDRA
Sí, claro. No hay ninguna que no se pueda ver.

RAFAEL
Ya sé...

RAFAEL sonríe. Todos están parados, incómodos. Pausa.

DANIEL
Sandra, ¿qué te parece? Voy ahora a comprar las empanadas para cenar. ¿Eh?

SANDRA
Dale, dale.

RAFAEL

Jamón y queso para mí.

DANIEL

¿Te quedás?

RAFAEL

No, es un chiste, tranquilo.

DANIEL

No, no, no... Estoy... tranquilo. Eh, bueh... Sandra, llevo a la nena, ¿eh?

SANDRA

Dale, ¿querés ir, mamita? Agarrá la camperita que está fresco. *(A* DANIEL.*)* Eh... los zapatos, te vas descalzo...

DANIEL

¿Eh?

SANDRA

Que no tenés puestos los zapatos...

DANIEL

Uh, sí, es más fresco así. Bueh, eh... *(Le hace el gesto del teléfono a* RAFAEL.*)* Hablamos...

VICTORIA le pide que le compre algo. Salen. RAFAEL mira a SANDRA.

SANDRA

(Advierte.) Hace tres años que estamos divorciados.

RAFAEL

¿Dije algo yo? Al contrario, me cayó bárbaro el joven.

SANDRA hace gesto de lengua bífida con el brazo. Levanta la cafetera.

SANDRA

¿Querés un café?

RAFAEL

Preferiría un tecito.

RAFAEL se sienta, apoyando los pies en la mesita ratona. SANDRA va hacia la cocina.

SANDRA

¿Desde cuándo tomás «tecito»?

RAFAEL

Desde que soy putito.

SANDRA

Desde que preparé café, seguro. Bajá los pies.

RAFAEL

(Baja los pies.) No, no tomo más café. He cambiado mucho últimamente.

SANDRA

¿Ah, sí? No me digás, contame que anoto.

RAFAEL

Oíme, estuve al borde de la muerte, yo. No sé si te enteraste. Quince días en terapia intensiva, ¿sabés cómo te acomoda las cosas?

SANDRA considera si RAFAEL habla en serio. Decide que sí.

SANDRA
¿Y qué se te acomodó?

RAFAEL va hacia ella y se para al lado.

RAFAEL
No sé, pensé mucho en Vicki, me parece que no... que no lo pasa nada bien, viéndonos así.

SANDRA
¿Así cómo?

RAFAEL
Así, distanciados. Me parece que tendríamos que pensar un poco más en ella.

SANDRA
Ay, Rafael, yo pienso todo el tiempo en ella. Vos, no sé. Vicki es una nena muy sensible, una nena que necesita contención...

RAFAEL le pasa la mano por el hombro. SANDRA se frena. Mira la mano.

SANDRA *(Sigue.)*
Parece que vos también. ¿Qué?, ¿ponés la manito?

RAFAEL
Es un chiste...

SANDRA
Sacá la manito.

RAFAEL
Fue un chiste, Sandra.

SANDRA
Me estabas hablando de lo mucho que habías cambiado, lo bien que estabas.

RAFAEL
¡Pero fue un chiste, Sandra, un cariño!

SANDRA
¡Ay, Rafael, hace tres años que no me ponés la manito ni por accidente, conocés a mi novio y ahí empieza el toqueteiro! ¡Sos de manual, vos!

RAFAEL
¡Era un chiste, Sandra, después te digo algo en serio para que compares! ¿Dale?

SANDRA
Bueno, dale. ¿Qué me querías decir? Al grano.

Vuelve al living, se sienta en el sofá.

RAFAEL
Voy a vender el restaurante.

SANDRA
Epa.

RAFAEL
Quiero cambiar de vida.

SANDRA lo mira, interesada en él.

SANDRA
¡Bien! ¡Por fin! ¡Por fin vas a vender ese restaurante! No era para vos eso. Me parece perfecto. ¿Y qué vas a hacer?

RAFAEL
No sé. Todavía estoy soñando en voz alta.

SANDRA
¿Qué?

RAFAEL
Qué sé yo, me gustaría irme a... México.

SANDRA
¿Qué?

RAFAEL
¿Te acordás cuando nos fuimos de luna de miel, que yo quedé...? Bueh, sobre todo el sur de México, me gusta.

SANDRA
(Trata de ocultar su risa.) ¿Y qué vas a hacer en el sur de México?

RAFAEL
Ah, no sé. Veré... Qué se yo, criar caballos, o...

SANDRA
¿Cómo?

RAFAEL
Criar caballos.

SANDRA
Caballos.

RAFAEL
¿Qué tiene?

SANDRA

(Reprimiendo la risa.) ¿Vos qué sabés de caballos? Digo, además de haber visto a *Mr. Ed* toda tu infancia, qué sabés vos de caballos...

RAFAEL

Está bien, si me vas a boicotear como siempre... está bien, no dije nada.

SANDRA

¡No te estoy boicoteando, Rafael! Me causa gracia, tenés cuarenta y dos años, fijate lo que decís...

RAFAEL

Bueh, no importa, a vos no te importa si voy a ir a México o... Voy a ir a México, el tema es otro: me gustaría saber qué vamos a hacer con Vicki.

SANDRA

¿Qué vamos a hacer con Vicki? Nada, te irá a visitar en vacaciones, vendrás vos, qué se yo, Rafael...

RAFAEL

Y también puede estudiar allá, ¿no?

SANDRA lo mira. Pausa. Reacciona cansada. Va hacia el café.

SANDRA

No. No, no, no, no, no. No, cortala. Estoy cansada, es tarde, estoy indispuesta, segundo día, no tengo ganas de escuchar pelotudeces, perdoname. ¿Vos estás en pedo? ¿Estás en pedo? ¿Vicki hacer la escuela allá? ¿Quién le va a dar clases? ¿El profesor Jirafales? Pensá lo que decís, querido, cómo va a hacer Vicki el colegio allá. ¿Qué te vas, con la pendeja?

RAFAEL

Si no me dejás.

SANDRA

Tu novia, boludo.

RAFAEL

Ah, te picó.

SANDRA

¿Que me picó qué?

RAFAEL

No, no sé si voy a ir con Natalia, pero te picó...

SANDRA

Ehh..., a mí no me picó nada... ¿Qué me picó...? ¿Y si me pica, qué te importa, si me pica o me deja de picar a mí?

RAFAEL

¿Y si me importa qué pasa? ¿Qué, no me puede importar?

SANDRA

Ay, Rafael, agarro las obras de Freud y el índice te describe... Cortala. Cortala. Algo aprendimos, ¿no? En estos tres años, algo aprendimos. Está bien, casarnos fue un error, cosa de chicos, llamalo como quieras. Pero Victoria no es un error, querido, existe y tiene una vida. Y esa vida es su madre, su padre a veces y su escuela. ¿México? ¿México? Pobre Vicki, pobre Vicki... ¿Sabés qué? Andate, sé feliz, crecé, reproducite, morite, hacé lo que quieras. A mí dejame tranquila con mi burbuja que me costó años de terapia construir. Para que vengas vos con estas pelotudeces, a ponerme la manito. Andate y tratá de encontrarte, querido. Cuando te encuentres vení que te presento a tu hija. Le voy a decir: «Vicki, éste es tu padre: es un hombre». ¿Azúcar o edulcorante?

                    RAFAEL

Nada.

RAFAEL se queda mirándola, en silencio.

INTERIOR - IGLESIA - DÍA

Un enorme Cristo vigila a sus feligreses.

NINO camina por la nave central de esta imponente iglesia. Llega al altar, al lugar del novio. Mira al Cristo. Sonríe, con desdén. Se pierde en pensamientos. Una música empieza a sonar en su mente. «Pompa y Circunstancia».

En la puerta, entran RAFAEL y NATI. Lo ven de lejos.

                    RAFAEL

Ahí está. ¿Qué te dije? Siempre en punto.

                    NATI

Bueno, se me hizo tarde, qué...

RAFAEL, con un suspiro, se lleva la mano al pecho.

                  NATI *(Sigue.)*

¿Qué te pasa?

RAFAEL saca el celular del bolsillo interno.

RAFAEL

Ay, nada, esta cagada, la puse en vibrador, casi me mata del susto. ¡Hola! Nacho, sí, ¿qué pasa?, casi me matás del susto... Nada, después te explico... ¿Eh?

Le hace señas a NATI de que espere. Sale. NATI mira a NINO, esperando en el altar. Empieza a caminar hacia él.

NINO, ensimismado, sigue oyendo la música en su cabeza. Detrás de él y por el pasillo se acerca NATI.

NATI

¡Nino!

NINO la oye y sonríe. Se da vuelta lentamente y ve a NATI, a quien no reconoce de inmediato, caminando despacio hacia él. La música sube. NINO mira a NATI, emocionado, como si viera a NORMA.

NATI ve su sonrisa, sus ojos húmedos, imaginando. Y entra también en la fantasía de NINO, absorta por el amor que ve en su cara. Llega hasta él. La música llega a su clímax. NINO la mira, sonriendo, en otra época, con otra mujer. NATI ve en él lo que le gustaría ver en RAFAEL. Así se quedan un instante.

RAFAEL los ve, extrañado. Finalmente interrumpe.

RAFAEL

¡Papi!

NINO

(Despertando.) Menos mal que viniste, ¿eh?

RAFAEL

Dale, vamos, que tengo que volver al restaurante. ¿Nos esperás acá, Nati?

NATI asiente, ausente.

EXTERIOR - PASILLO - DÍA

RAFAEL y NINO hablan con el PADRE MARIO, un cura cincuentón.

MARIO
El sacramento matrimonial, la Iglesia lo presta sin cobrar ningún tipo de honorario. Pero claro, estamos hablando de la pareja y el sacerdote solos en la sacristía, sin ningún tipo de aditamento. No es la imagen que uno tiene de una boda.

RAFAEL
¿Y cuánto sale la imagen que uno tiene?

MARIO
Bueno, hay para todos los bolsillos. Desde una cosa sencilla hasta algo más lujoso.

RAFAEL
Nosotros queremos algo sencillo.

NINO
No, no. ¿Cómo sencillo? Lujoso, lujoso.

INTERIOR - OFICINA IGLESIA - DÍA

MARIO
El básico por la Iglesia son 600 pesos. ¿Música grabada u órgano en vivo?

El PADRE MARIO ingresa los números en su calculadora.

NINO
El órgano grabado suena muy feo.

MARIO

Cuatrocientos pesos. ¿Monaguillo?

NINO

¿Cuánto sale el monaguillo?

MARIO

Doscientos.

NINO

Deme dos.

RAFAEL

(Irónico.) ¿No querés un coro también, papi?

NINO

¡Ah!

MARIO

Mil más.

RAFAEL

Debe ser de ángeles.

MARIO

Todos ojos celestes. Angelicales.

NINO

¿Viene con aire acondicionado?

MARIO

No, pero la iglesia es fresca. Es más, yo me traería un sweater.

NINO

(A RAFAEL.) Habrá que decirle a Carmen que le ponga el saquito beige.

RAFAEL
(Entregado.) Sí, papi.

El cura levanta la mirada, fugaz. Suelta una sonrisa mientras busca en un cuaderno.

MARIO
Papi... Me encanta que le digan «papi» al novio, va a ser un placer poder casarlos... Bueno, en este momento estamos en 3.700. Si a eso le agregamos alfombra, velas, flores, y otros gastos chicos, yo después les voy a pasar un presupuesto detallado, estaríamos en el barrio de los 5.000 pesos. Eh... Yo tengo, a ver... sí, dentro de tres sábados tengo un espacio a las 21 y 45, ¿les viene bien?

NINO
Ah, no, no. No va a poder ser. Porque, mami, de noche... Horario diurno no tiene, ¿no?

RAFAEL
Por otro lado, supongo que será más económico, ¿no?

MARIO
(Ríe, celebrándolo.) No, no, de ninguna manera. No. En esta parroquia no se acostumbra. Eh, venga con la novia durante la semana, así vemos el tema de los turnos.

RAFAEL
¿Es imprescindible que venga ella?

MARIO
¿Tiene problemas de movilidad?

NINO
Camina mejor que usted. *(RAFAEL lo mira.)* Y que yo.

RAFAEL
Mi mamá tiene el mal de Alzheimer, por eso decía.

El cura deja de buscar en su cuaderno. Lo cierra y lo vuelve a guardar en el cajón, lentamente.

MARIO
Ahh, lamento que el Señor lo esté poniendo a prueba de esta forma.

NINO
Yo también.

MARIO
Vamos a tener que pedir autorización al Arzobispado.

RAFAEL
¿Por qué, padre? Hace cuarenta y pico de años que están casados.

NINO
Cuarenta y cuatro cumplimos hace treinta y siete días.

MARIO
(Suspira compasivo.) Bueno, yo me voy a poner en contacto con la gente del Derecho Canónico... Eh... Puede ser un trámite. Déjemelo a mí, yo voy a ver qué se puede hacer.

EXTERIOR - CALLE FILMACIÓN - DÍA

RAFAEL camina entre cables y elementos de filmación. Hay camiones estacionados, gente que pasa, policías, curiosos.

JUAN CARLOS *(Off.)*
¡Rafael!

Mira en dirección a la voz. JUAN CARLOS les hace señas desde una motor-home, de gamulán. RAFAEL va hacia él.

JUAN CARLOS *(Sigue.)*
(Lo abraza efusivamente.) ¿Qué hacés, querido? Gracias por venir. No sabés cómo necesitaba verte.

RAFAEL
Qué circo, todo esto..

JUAN CARLOS
Sí, es intenso, sí. La verdad que por más años que tengas en esto, ¿viste? No dejás de sorprenderte. Bueno, pero dale, vení, acompañame que ahora viene lo mío. Dale.

INTERIOR - DECORADO RESTAURANTE - DÍA

Parados junto a un enorme farol de luz encendido, mientras JUAN CARLOS saluda a WALTER, un asistente, RAFAEL se tapa media cara, encandilado.

JUAN CARLOS
¿Qué hacés, Walter? Che, ¿dónde me pongo?

WALTER señala una mesa y sigue su camino. JUAN CARLOS hace un gesto a RAFAEL para que lo siga. RAFAEL no quiere.

RAFAEL

Eh... no, oíme, yo me quedo acá...

JUAN CARLOS

No, dale, vení, vení que hace dos días que no duermo... Dale, sentate.

JUAN CARLOS y RAFAEL se sientan. RAFAEL le sonríe a todo el mundo, incomodísimo.

RAFAEL

¿Por qué? ¿Qué te pasa?

JUAN CARLOS

No, tengo una cosa acá, que necesito hablar con vos. Eh... ponete cómodo...

Un asistente les pone un plato de comida delante.

RAFAEL

Oíme, yo ya comí, eh...

JUAN CARLOS

No, no, está bien, está bien. Eh... escuchame, Rafael... Bueno, nosotros siempre tuvimos... una comunicación muy fluida, ¿no?

RAFAEL

Sí... eh, bueno, hace veinte años que no nos vemos, pero...

JUAN CARLOS

Bueno, pero es como si nos hubiéramos visto todos los días. Yo, por lo menos, siento eso.

ASISTENTE

(Interrumpiendo.) ¡Atención que rodamos, rápido!

JUAN CARLOS empieza a exhalar sonoramente, y a estirarse el cuello con las manos.

RAFAEL

¿Qué hacés, qué te pasa?

ASISTENTE

¡Sonido!

JUAN CARLOS

No, son ejercicios para relajarme, ¿viste? Esto me calma la tensión, me afloja los nervios.

ASISTENTE

¡Marque!

RAFAEL

¿Y por qué estás nervioso?

El DIRECTOR ordena «¡Acción!». JUAN CARLOS hace la mímica de hablar animadamente. Se ríe en silencio. RAFAEL lo mira serio, como a un loco.

RAFAEL *(Sigue.)*

(En voz baja.) ¿Qué?

JUAN CARLOS se ríe en silencio y le hace un gesto de silencio. A lo lejos, ALFREDO ALCÓN empieza un monólogo.

ALFREDO ALCÓN

Como decía el Bardo...: ser o no ser, ahí está la cosa. ¿Será más piola sufrir los cachetazos de esta malaria horrenda, o pelearla hasta que quede aplastada como un pucho? *Ma' sí*... mejor morirse, total... Morirse es dormir... Ay, dios, perdoná, perdoná...

RAFAEL lo mira y luego mira a JUAN CARLOS, que sigue con su mímica. Se da cuenta de que JUAN CARLOS es un extra. RAFAEL cierra los ojos. El director canta: «¡Corte!». ALFREDO ALCÓN se queja de no encontrar la emoción.

RAFAEL
Oíme... ¿Estamos haciendo de extras, nosotros?

JUAN CARLOS
Sí, pero éste es muy importante. Nosotros le agregamos vida a la escena.

RAFAEL
Pero estamos muy atrás.

JUAN CARLOS
Y, así es la vida.

ALCÓN protesta al director.

DIRECTOR
¿Qué pasa?

ALCÓN
Oíme, es el desfile de Nueve de Julio, ahí atrás... no veo más que movimiento..., faltan los cañones, nomás...

DIRECTOR
Pero, nadie se movió, Alfredo, estaba yo solo ahí, te lo puedo asegurar...

ALCÓN

Pero, entonces tengo que ver qué me pasa a mí... ¿algo?

DIRECTOR

No, no te pasa nada... pero ¿te sentís bien?

ALCÓN

Por qué no me voy a sentir bien... Si se mueven, se mueven, a mí y a cualquier actor del mundo...

DIRECTOR

OK, te pido mil disculpas, quedate tranquilo... OK, OK, te pido mil disculpas... ¡Chicos, por favor! ¿Hacemos un poco de silencio?

ALCÓN

Perdón, eh...

DIRECTOR

¿Sí? ¿Podemos? *(Se va mascullando.)* Me tiene los huevos llenos, se cree que está haciendo *El Santo de la Espada*...

JUAN CARLOS llama al director.

JUAN CARLOS

¡Dire! Acá, acá... ¿Se me ve mucho?

El DIRECTOR no le presta atención. JUAN CARLOS vuelve a RAFAEL.

JUAN CARLOS *(Sigue.)*

No, no se me ve mucho, podemos hablar tranquilos. Mirá, Rafael, ante todo yo te quiero decir que... vos sos mi hermano. Viste, yo... yo pensé muy bien antes de decirte esto que te voy a decir, inclusive intenté negármelo a mí mismo, te juro... pero bueno, es lo que me pasa. Viste, y bueno, uno tiene que tratar de ser fiel a sus sentimientos, a... Yo no sé si puedo confiar en vos...

A JUAN CARLOS se le empiezan a enrojecer los ojos. RAFAEL lo mira, expectante.

RAFAEL
Sí, sí, podés, podés, claro...

JUAN CARLOS le toma la mano. RAFAEL se pone tenso, no sabe si sacarla o no. Detrás empiezan las instrucciones del asistente.

ASISTENTE
¡Sonido!

JUAN CARLOS
Tengo miedo de que vos sientas que estoy traicionando nuestra amistad, pero... bueno, yo te lo digo.

ASISTENTE
¡Cámara!

JUAN CARLOS
(Le aprieta fuerte la mano.) Estoy profundamente enamorado de Nati.

DIRECTOR
¡Acción!

Y con la mano de RAFAEL unida a la suya, JUAN CARLOS vuelve a su mímica de extra, riéndose. Los actores empiezan su escena. RAFAEL lo mira, duro.

Como decía el Bardo..., ser o no ser, ahí está la cosa. ¿Será más piola sufrir los cachetazos de esta malaria horrenda, o pelearla hasta que quede aplastada como un pucho? Mejor morirse, ¿no? Total... es como quedarse dormido... Hacés de cuenta que todo está bien. Morirse, dormir, soñar... Pero... ¿Quién sabe qué soñamos, ahí en el jonca? Quietitos, ahí, desnuditos... ¿Quién sabe? Ése es el intríngulis, si no... ¿Quién aguantaría la bronca? La suerte que es grela, los delirios del poder, la facha del careta, la justicia que no existe, los insultos del gobierno...

El ASISTENTE mueve el brazo hacia el costado. JUAN CARLOS se levanta con su plato y le hace señas a RAFAEL de que lo siga. RAFAEL lo hace, duro como una estaca. Camina como un zombie.

Ahora vemos la discusión de los protagonistas en PP,* desde la «cámara». Detrás de ellos, entra JUAN CARLOS hablando solo. Mira hacia atrás y ve que no hay nadie. Hace gestos a alguien de que lo siga. Entra RAFAEL, duro, mirando a cámara, como un zombie. Lo tapa a JUAN CARLOS. JUAN CARLOS corre tras él. JUAN CARLOS hace trucos para robar cámara, pero serio. Cada tanto se ríe en silencio.

Vamos a RAFAEL y JUAN CARLOS. RAFAEL habla en voz baja, enojado. JUAN CARLOS hace como que sonríe, mientras discuten.

El DIRECTOR le marca al ASISTENTE algo en el monitor. En el fondo la situación entre JUAN CARLOS y RAFAEL se está poniendo física. RAFAEL empuja a JUAN CARLOS, éste responde. Mientras tanto, en PP, ALFREDO ALCÓN logra emocionarse y no quieren cortar. El ASISTENTE va hacia ellos, haciendo de amigo, y se los lleva a los dos, a la fuerza, mientras, en PP, Alfredo Alcón está dando la actuación de su vida.

* Primer plano.

EXTERIOR - DECORADO RESTAURANTE - DÍA

Los echan a los dos. Sigue la discusión en la calle.

> RAFAEL
>
> ¿Pero vos estás en pedo? ¡Es mi mujer, boludo!

> JUAN CARLOS
>
> Ojalá estuviera en pedo, ojalá fuera una pesadilla. A mí, que siempre fui tu Sargento García, el destino me convierte en el Capitán Monasterio.

> RAFAEL
>
> Pero qué pelotudeces estás diciendo... Vos sos... ¡Vos sos un hijo de puta! Yo te cuento mis cosas personales...

> JUAN CARLOS
>
> ¡Che! Reconocé que vos no le estás dando lo que ella necesita, y yo sí se lo puedo dar.

> RAFAEL
>
> Te prohíbo que vuelvas a hablar con Nati.

> JUAN CARLOS
>
> ¡Pero si la cosa no está funcionando entre ustedes, Rafael...!

> RAFAEL
>
> ¿Y a vos qué carajo te importa? ¡Es un asunto nuestro, no tuyo! ¿Quién te conoce? ¡Hace treinta años que no te veo!

JUAN CARLOS
Pero nos une la infancia, Rafael. Y lo mío con Nati son cosas que pasan...

RAFAEL
(Explota.) ¿Que pasan? ¿Qué pasa? ¡No pasa nada, estúpido! ¡Te diste manija al pedo! ¡No pasa nada! ¡Nada, pasa! ¡Si ella piensa que sos un plomo, boludo!

JUAN CARLOS
No te pongas así, vos sos mi hermano...

RAFAEL
¡Pero qué hermano, yo no soy tu hermano! ¡Ni Nati es tu mujer, ni Vicki es tu hija...!

JUAN CARLOS se queda mudo. RAFAEL sigue furioso, pero no dice más nada. Verlo a JUAN CARLOS así le duele. Se calma un poco.

RAFAEL *(Sigue.)*
Es mi familia, no la tuya. Es así.

Y se va. JUAN CARLOS se queda mirándolo, baja los hombros.

EXTERIOR - CALLE DEPARTAMENTO NATI - NOCHE

RAFAEL está sentado en el borde del arenero de una plaza chiquita. Revisa una carpeta con el contrato de venta del restaurante. De vez en cuando mira un edificio enfrente, viendo si llega alguien. El encargado del edificio sale a sacar la basura, mira al pasar a RAFAEL y vuelve a entrar.

Estaciona un coche. RAFAEL distingue dos figuras dentro él: una parece NATI, la otra es un HOMBRE. La chica abraza al hombre y se quedan así, abrazados. El HOMBRE le acaricia la espalda.

RAFAEL empieza a caminar hacia el coche, sin poder creerlo. El HOMBRE besa a la chica en la mejilla. Dominado por la adrenalina, RAFAEL golpea la ventana. La chica se da vuelta y, en efecto, es NATI. RAFAEL apenas puede lanzar un...

>   RAFAEL
> ¡Sos una hija de puta!

Y se empieza a ir. NATI sale corriendo del coche, detrás de él.

>   NATI
> ¡Pero pará! ¿Qué hacés?

Lo agarra, pero RAFAEL trata de soltarse y sigue caminando.

>   RAFAEL
> ¡Soltame, guacha! ¡Que te pego un cachetazo y te mato!

RAFAEL hace como que le va a pegar un cachetazo. NATI se aparta.

>   HOMBRE
> ¡La llegás a tocar y te mato!

>   NATI
> ¡Es mi papá!

>   RAFAEL
> ¿Eh?

RAFAEL se queda duro. De a poco, trata de recomponerse, pero la bronca le dura.

>   RAFAEL *(Sigue.)*
> ¿Quién? Uy, perdón. Perdón. Hace tanto tiempo que quería conocerlo, conocerte, digo...

HOMBRE
(*A* NATI.) ¿Éste es Rafael?

RAFAEL
Lo que pasa es que... perdón, me imaginé, no sé, un padre más... padroso. Familiar, eh... perdón.

HOMBRE
(*A* NATI.) ¿Estás bien?

RAFAEL
(*También preocupado.*) Sí, mi amor, ¿estás bien?

INTERIOR - BAR - NOCHE

RAFAEL y NATI toman un café.

NATI
Pobre viejo..., ahora parece que le entró la culpa..., quiere pasar más tiempo conmigo. Bueno, quiere que me vaya a vivir a España. Además me va a pagar un posgrado... ¿Viste que yo siempre quise especializarme en Recursos Humanos?

RAFAEL
¿Tiene futuro, eso? Digo... ¿No se están agotando esos recursos?

NATI
(*Sonríe.*) No. Además acá no pasa nada, necesito cambiar de aire... Yo también me quiero ir un poco a la mierda.

RAFAEL

Sí, claro, es lógico... Nati, cuando yo te dije... todo eso de la libertad y... No era para cortarla. Quiero decir, para que estemos más seguros sin sentirnos atados. ¿Entendés? Es... Eso, mirá, yo no quiero jugar, lo que quiero es que lo pensemos...

NATI lo interrumpe.

NATI

No, no, pará, no me expliques. Yo ya lo pensé. Yo no estoy segura de estar enamorada de vos. *(Se ríe.)* Siempre supe que no tenés el cerebro de Einstein, ni la plata de Bill Gates... No sé, tampoco sos, yo qué sé, Dick Watson. Pero me enamoré. No sé por qué. Es más, dejé de hacer terapia porque sabía que en menos de un año te iba a dejar de querer. Pero me enamoré. Ahora no estoy segura. Yo no creo que seas el tipo que yo pensaba que eras. Te agradezco mucho que no quieras jugar conmigo. De todos modos, yo no te iba a dejar jugar conmigo. Porque yo valgo la pena. ¿Entendés? Yo valgo.

RAFAEL

¿Quién es Dick Watson?

NATI

¿No ves que no escuchás?

RAFAEL

Te escuché, te escuché perfecto... «Estar enamorada...» Estamos un poco grandes para eso. Quiero decir, son cosas de chicos...

NATI
¿Por qué son cosas de chicos? ¿Tu papá no está enamorado de tu mamá?

RAFAEL se queda sin palabras. NATI se queda mirándolo seria. RAFAEL desvía la vista, avergonzado. Silencio.

NATI *(Sigue.)*
Eso quiero yo.

Se va. RAFAEL se queda solo en el bar.

INTERIOR - SALA DE CONFERENCIAS - DÍA

Una enorme mesa de madera lustrada cubierta por un vidrio. SCIACALLI, MARCHIOLI y otras tres personas están sentadas en una punta.

SCIACALLI
A trece días del mes de mayo de 2001, Don Rafael Belvedere, argentino, divorciado, nacido el once de octubre de 1958, hijo de Antonio Belvedere y de Norma Pellegrini...

RAFAEL en la otra punta de la mesa, escuchando las cláusulas.

SCIACALLI *(Sigue.)*
... por otra parte, Mario Marchioli, nacido el siete de noviembre de 1945, representante de Marchioli Internazionale Sociedad Anónima..., ... mayoritario, Marchioli Internazionale asume toda responsabilidad administrativa, incluyendo cambios en el contenido y sistema operativo... El cambio de firma no conlleva el mantenimiento de ninguno de los empleados en rela-

ción de dependencia con el anterior propietario... El equipo gastronómico será reemplazado por personal idóneo entrenado por Marchioli Internazionale... Internazionale asumirá los costos indemnizatorios de los señores Fran... ¿cesco? (RAFAEL *asiente.)* Negrete, Ignacio Ramallo Pellegrini, Ismael Alba... En Buenos Aires, al día de la fecha, se integran las citadas cláusulas aceptadas por las partes.

RAFAEL baja la vista. Vemos el contrato debajo de él. RAFAEL mira a su alrededor. MARCHIOLI y los demás esperan. Saca los anteojos y se los apoya contra la nariz. Mira a los otros y se los pone como se debe..

RAFAEL toma la lapicera y firma. Vemos la hoja mientras va firmando, tiembla levemente.

Una mano saca el contrato de cuadro, y RAFAEL se ve reflejado en la superficie de la mesa: afeitadito, de traje y corbata. Mientras se mira, se oyen aplausos.

INTERIOR - RESTAURANTE - NOCHE

PD* de un portarretratos de mesa, con una foto del cumpleaños de RAFAEL a los diez años. La típica del momento en que sopla las velitas. JUAN CARLOS y un par de chicos ríen y festejan junto a él.

Reflejado en el vidrio del portarretratos vemos entrar a RAFAEL cargando una caja de cartón que deja sobre su escritorio. Guarda en ella las fotos que decoraban el restaurante, sin nostalgia. La última foto que guarda es la del cumpleaños y casi ni la mira. Cierra la caja.

Mira una de las paredes totalmente vacía de retratos pero, por las diferencias de color y suciedad y los clavos aún en ella, pode-

* Plano detalle.

mos distinguir claramente dónde estaba colgado cada cuadro, su tamaño y la cantidad que había. Hay algo en la mirada de RAFAEL que no habíamos advertido hasta ahora. Se da vuelta para ver otra pared y se asusta al ver a NACHO mirándolo.

RAFAEL

¡Aaay! ¡Qué hacés, boludo, me querés cagar de otro infarto!

NACHO

Bueno, perdoname, loco, te estaba mirando.

RAFAEL

¿Por qué? ¿Qué pasa?

NACHO

Nada, pasa. Nada, quería.... quería darte las gracias por todo lo que hacés por mí.

RAFAEL

Está bien. No te preocupes.

NACHO

No, está bien, porque... nada, qué se yo... Más allá de tu obligación como primo, que es real, vos siempre fuiste muy leal conmigo. Y eso es algo que yo valoro mucho. Y que te vamos a extrañar acá en el restaurante, y nada... que si algún día vos decidís poner otra cosa, yo lo mando a la mierda a este Marchioli, Sciacalli, Garibaldi, tutti le cuanti y te sigo adonde sea.

RAFAEL

(Sonríe.) Está bien. Igual yo no creo que... No quiero más quilombos, Nacho.

NACHO

Adonde sea, cuando y donde vos quieras.

RAFAEL

Bueno, bueno...

NACHO se queda mirándolo, sonriendo.

RAFAEL *(Sigue.)*

¿Y ahora por qué te quedás mirándome? ¡Explicámelo, eso es lo que no...!

NACHO

¡A que me des las gracias, viejo! ¡Qué carácter de mierda que tenés!

RAFAEL

Bueno, gracias.

NACHO

(Emocionado.) No seas boludo, no tenés nada que agradecer.

Se empieza a ir.

RAFAEL

Che, Nacho..., ¿vos sabés quién es Dick Watson?

NACHO

Sí, más bien... el de la... *(Hace un gesto de fellatio.)* ¿Cómo se llamaba?, boludo, el de la... ¡Dick Watson, puta, el canoso, el grandote, el que era presidente de Estados Unidos!

RAFAEL
¿Bill Clinton?

NACHO
Ah. No sé quién es Dick Watson.

Se va. RAFAEL lo ve a FRANCESCO sentado en la cocina.

INTERIOR - COCINA - NOCHE

Entra RAFAEL.

RAFAEL
¡Francesco! *¿Cosa facciamo?*

FRANCESCO se despierta de su ensueño. Sonríe.

FRANCESCO
No, qué sé yo, te veo sacar las fotos y ¿viste? me da un poco de...

RAFAEL
Qué *va' cer*. La vida continúa.

FRANCESCO
Pero ahora que vendimos... habrá llegado el momento de hacer las valijas, ¿no?

FRANCESCO clava su mirada en RAFAEL. RAFAEL se queda mudo, no puede contestar ni puede mentir.

FRANCESCO *(Sigue.)*
Mirá, la verdad yo estoy un... estoy un poco cansado. Quisiera dedicarle más tiempo a Julia, a los nietos....

Te quiero pedir un último favor: hablá con esta gente y deciles que yo con ellos no... no sigo. Que no se ofendan, viste, no tengo nada contra ellos, pero yo con... con gente que no conozco... ¿viste?

RAFAEL entiende todo. Asiente levemente.

INTERIOR - RESTAURANTE - NOCHE

RAFAEL está sentado en la puerta, comiendo tiramisú. Mira la parrilla de enfrente, abandonada. Los ventanales ya tienen afiches publicitarios pegados y arrancados, típico en los lugares abandonados. Se queda como hipnotizado.

INTERIOR - LOFT DE RAFAEL - NOCHE

Y una vez más, RAFAEL está solo a las cinco de la mañana, viendo *El Zorro* mientras moja un saquito de «Sweet Dreams» en una taza, mecánicamente.

El Zorro galopa escapando de sus seguidores.

A lo lejos, se oye la voz distante de RAFAEL chiquito, gritando: «¡Mami!, ¡mamiiii!».

EXTERIOR - CALLE CASA DE JUAN CARLOS - DÍA

RAFAEL llega a una casa en un barrio de clase media. La casa está en perfecto estado. RAFAEL toca uno de los tres timbres del portero eléctrico. Responden.

JUAN CARLOS *(Off.)*
¿Sí? ¿Quién es?

RAFAEL
¿Cómo andás?

Suena el timbre.

INTERIOR - CASA DE JUAN CARLOS - DÍA

RAFAEL y JUAN CARLOS toman café en un largo silencio.

JUAN CARLOS
¿Así que los tanos van a rajar a todos? *(*RAFAEL *asiente.)* La verdad que prefería el imperialismo yanqui. Así parece que me cagó mi abuelo. ¿Y no te dijeron antes de firmar?

RAFAEL
Sí, pero ya estaba ahí, qué sé yo...

JUAN CARLOS
Querido, vos como El Zorro sos peor que Alain Delon.

RAFAEL
No, boludo, no me digas eso...

JUAN CARLOS
¿Y qué querés que te diga? Si todo sigue igual, los de catorce siguen fajando a los de ocho. Vos ya cobraste un fangote de guita, ¿no? No sé en qué te puedo ayudar...

RAFAEL
Sí, no..., yo tampoco sé. No, vine... che, boludo, quería pedirte disculpas por lo del otro día...

JUAN CARLOS
Ah, no, perdoname vos a mí...

RAFAEL
No, estuve muy duro.

JUAN CARLOS
Y yo me fui al carajo.

RAFAEL
Sí, te fuiste al carajo, pero yo...

JUAN CARLOS
Eh, bueh, tampoco...

RAFAEL
Fuiste sincero conmigo..., me hablaste con el corazón... *(JUAN CARLOS no compra. RAFAEL lo mira, suplicante.)* Qué sé yo, sos el único tipo que me conoce desde chico, así que... es como si fueras de mi familia...

Ahora sí, JUAN CARLOS se afloja. Sonríe cuando dice...

JUAN CARLOS
Yo no tengo familia, Rafael. Vos sí.

Se quedan en silencio los dos.

EXTERIOR - ESCUELA DE VICTORIA - DÍA

VICKI espera a la salida de la escuela. Ve a alguien fuera de cuadro, y sonríe.

VICTORIA
¡Hola!

Sale corriendo, llegando a la persona que vio: DANIEL. Se besan. DANIEL la alza. VICKI le muestra una muñeca.

VICTORIA *(Sigue.)*
Mirá lo que me gané. Barney.

Casi se chocan con RAFAEL, que los está mirando, con una sonrisa incómoda.

RAFAEL
Hola...

VICTORIA
(Sorprendida.) ¡Papi!

Y en VICKI se dibuja la misma sonrisa que tuvo con DANIEL.

VICTORIA *(Sigue.)*
¿Qué hacés acá?

RAFAEL
(Incómodo, intruso.) Te vine a buscar, ¿no puedo?

VICTORIA
Sí, pero hoy no es jueves.

RAFAEL
¿Y qué tiene? No creo que Daniel tenga problema, ¿no?

DANIEL
¿Querés ir con papá?

VICTORIA
Sí.

DANIEL
Bueno, yo le aviso a mami.

VICKI, de nuevo incómoda, mira a DANIEL, quien sonríe y saluda a VICKI con la mano moviendo dos dedos. VICKI le responde con el mismo gesto.

INTERIOR - BURGER KING - DÍA

Están los dos en un restaurante. VICKI cuenta de su premio.

>   VICTORIA
> Y ya van dos concursos de poesía que vengo ganando.

>   RAFAEL
> ¡Qué bueno!

>   VICTORIA
> La seño dice que si sigo así me voy a morir de hambre.

>   RAFAEL
> *(Se ríe.)* Entonces aprovechá y comé ahora. A ver, esto para mí...

>   VICTORIA
> Y todo el resto...

>   RAFAEL
> Y todo para vos. ¿Y Daniel te viene a buscar muy seguido?

>   VICTORIA
> Sí. Después te leo la poesía nueva, ¿querés?

>   RAFAEL
> Después porque si no se te enfría. ¿Sabés, mi amor? Eh... yo antes no te podía venir a buscar muy seguido

por el restaurante, y todo el trabajo, pero... ahora que lo vendí, tengo todo el tiempo del mundo para vos.

VICTORIA

Bueno.

RAFAEL

Comé.

Se quedan en silencio. RAFAEL *trata de decir algo, pero no se le ocurre nada. Silencio incómodo.*

VICTORIA

¿Querés que te lea la poesía nueva?

RAFAEL

Bueno. Dale.

VICTORIA *saca el cuaderno. Da vuelta las hojas, muy ansiosa.*

VICTORIA

Acá está. No, tomá, leéla vos.

RAFAEL

¿Yo? ¿seguro? ¿No querés leerla vos? (VICTORIA *niega.* RAFAEL *mira el cuaderno por primera vez en su vida.)* Mirá qué linda letra tenés, ¿eh? (VICKI *asiente contenta.)* «Setenta balcones hay...»

VICTORIA

¡No, papi, dale!

RAFAEL

Bueno, ahí va...
«Tengo piojos en el pelo
y mi mamá los combate,

me pasa un peine especial
después me dice: enjuagate.

Tengo un papá que me cuenta
todo tipo de desgracias.
Yo me río todo el tiempo
porque me hacen mucha gracia.

Yo tengo mamá y papá,
ellos viven separados
pero yo los quiero igual,
me divierto en los dos lados.

Se preocupan todo el tiempo,
me ayudan con mis problemas
aunque yo siempre les digo
que ya no soy una nena.

Yo los voy a cuidar siempre,
toda la vida, no importa,
que aunque dure muchos años,
mi abuelo dice que es corta.»

VICTORIA *lo mira, expectante. Silencio.*

VICTORIA
La seño me ayudó un poco con la rima... *(RAFAEL no contesta.)* ¿Qué pasa, papi, no te gustó? *(RAFAEL asiente.)* ¿Y entonces por qué estás así?

RAFAEL *trata de sonreír, muy conmovido.*

RAFAEL
No... ¿Cómo yo... no leí antes estas... estas poesías? *(VICKI se encoge de hombros.)* Fijate a ver si hay más...

RAFAEL busca. Mira a VICKI, como si fuera la primera vez. Su voz es un murmullo.

RAFAEL *(Sigue.)*
Qué boludo...

INTERIOR - IGLESIA - DÍA

El PADRE MARIO habla frente al micrófono del altar.

MARIO
¡Bienvenidos, amados hermanos...! *(Ensaya otro tono.)* ¡Bienvenidos, amados hermanos...! *(Y otro.)* ¡Bienvenidos, amados hermanos...!

El MONAGUILLO se le acerca, soplándole.

MONAGUILLO
A la casa del Señor...

MARIO
(Lo mira estupefacto.) Ya sé, ya sé...

RAFAEL entra a la iglesia. Más demacrado, barbudo, exhausto. El PADRE MARIO lo ve.

MARIO *(Sigue.)*
Ya sé, ya sé... ¡Ah! ¡Belvedere! Estaba probando el nuevo sistema de sonido... Quedó realmente... Omnipresente.

RAFAEL
Sí, muy lindo. Muy lindo. Yo venía por lo de mi papá.

MARIO

(Sincero, conmovido.) Ah, Sí. Hablé con la Curia, llegué a hablar con la Suprema Corte de Derecho Canónico.

RAFAEL

¿Y?

MARIO

Quedaron todos sumamente conmovidos con la historia de sus padres. Es más: le cito textualmente lo que sobre su padre me dijo el Doctor barra Obispo Monseñor Colombo. Me dijo: «Este hombre no necesita a Dios. Este hombre... es Dios». ¿Qué le parece?

RAFAEL

Que no nos dan el permiso.

MARIO

Con todo el dolor del alma, le garantizo. Eh, Rafael, el matrimonio, además de ser un sagrado sacramento, es un contrato. Y como todo contrato tiene tres condiciones: discernimiento, intención no espuria y libertad. Y bueno, lamentablemente su madre no tiene discernimiento...

RAFAEL

No, no, no... No. Yo no le puedo decir esto a mi papá. Es un hombre mayor... Escúcheme, Dios tiene que entender. Él también es un viejo.

MARIO

Dios no es ni viejo ni joven. Ni hombre ni mujer, ni blanco ni negro.

RAFAEL
No, ése es Michael Jackson, padre. Escúcheme, lo tendría que ver a mi papá, parece que tuviera veinte años de nuevo.

MARIO
Bueno, si quiere puedo hablar con él...

RAFAEL
¿Pero qué le va a decir? ¿Qué le va a hablar, de discernimiento a un hombre que sigue enamorado después de 44 años? Honestamente, padre, ¿usted cree que las siete parejas que se vienen acá a casar por sábado tienen discernimiento? ¿No le da ganas, a veces, de decirles: «No, chicos, tu pareja no es lo maravillosa que vos crees que es, éste tiene una cara de chanta infernal, ella no va a ser tan comprensiva dentro de tres años». ¿Por qué no me pidieron discernimiento a mí cuando me casé? ¿Sabe la mala sangre que me hubiera ahorrado? No, cuando me casé, totalmente víctima del amor, algo que ustedes trafican hace dos mil años, me recibieron con los brazos abiertos. Diez años después, ya totalmente en mis cabales y con un discernimiento espantoso, me quiero separar y me dicen: «No, ahora no se puede». ¡Por favor, padre, ahora resulta que para ser católico hay que razonar! Mi mamá no razonaba cuando la bautizaron, pero en ese momento no importó, había que aumentar la clientela, ¿no? El primero te lo regalan, el segundo te lo venden, y después se borran...

MARIO
Nadie se borra y mucho menos la Iglesia. Dios te acompaña a todas partes, hijo.

RAFAEL

Sí, pero siempre pago yo, padre. Alguna vez podría invitar la casa.

MARIO

Hay una opción, se llama «Sanamiento en raíz». Es un trámite que consiste en considerar la fecha del civil como comienzo de la unión.

RAFAEL

¡Mi papá no quiere un trámite, padre! ¿No se da cuenta? Él lo único que quiere es cumplirle el sueño a mi mamá, que era casarse por Iglesia. ¿Cómo no se da cuenta, padre? Es un acto de amor del que yo no soy capaz. ¡Mire que flor de slogan se están perdiendo: cuarenta y cuatro años de amor! ¡Lo tendrían que poner en un póster en vez de darle la espalda!

RAFAEL siente una incomodidad. Se tiene que sentar.

MARIO

Yo voy a hablar con tu padre, va a comprender, hijo... *(Nota que* RAFAEL *está respirando mal.)* Eh... ¿Te sentís bien? *(*RAFAEL *niega con la cabeza.)* Tranquilo..., recostate... ¡David! ¡Llamá a un médico! ¡No te quedes parado, dale...!

Lo ayuda a recostarse en el suelo. RAFAEL mira hacia arriba y un poco hacia atrás y ve una enorme cruz iluminándolo, al revés. La luz se hace más intensa hasta fundir a blanco.

INTERIOR - CONSULTORIO HOSPITAL - DÍA

El blanco pleno se convierte en un punto luminoso, como «la luz al final del túnel». A medida que el punto se aleja, descubrimos una linterna y el rostro de una joven MÉDICA DE GUARDIA que mira a cámara. Está revisando las pupilas de RAFAEL (subjetiva). RAFAEL está acostado en una camilla, el médico revisa la tira del electro.

>MÉDICA DE GUARDIA
>Bueno, señor Belvedere, el electro está bien, las enzimas cardíacas son normales..., el corazón funciona bien. Seguramente está tomando medicación antihipertensiva de más y le bajó la presión. ¿Sí? ¿Quiere que avise a alguien?

RAFAEL niega tímidamente. Toma la tira de su electro y la estudia. La médica mira las planillas para recordar el nombre.

>MÉDICA DE GUARDIA *(Sigue.)*
>Bueno, va a necesitar descansar. ¿Está seguro que no quiere hablar con nadie?

RAFAEL niega de nuevo, pero la negativa se congela en el medio. Algo se le ocurre.

INTERIOR - GERIÁTRICO - DÍA

NORMA está acariciando el osito que NINO le regaló para el aniversario. La voz de RAFAEL la distrae.

>RAFAEL
>Mami.

Al verlo, NORMA sonríe con tristeza.

NORMA

Hola, mi amor... *(Le habla al osito.)* Pero mirá quién vino... *(Mueve el osito y habla con voz de osito.)* Hola, Nino.

RAFAEL besa al osito y a NORMA.

INTERIOR - JARDÍN DE INVIERNO - DÍA

RAFAEL y NORMA están sentados en uno de los bancos del jardín de invierno. NORMA sigue rezando un avemaría automáticamente, sin pausas. RAFAEL la mira, ansioso.

RAFAEL

Mami, ¿te acordás de cuando era chico?

NORMA

(Empieza a asentir, pero cambia.) ... eterno es el fruto de tu vientre Jesús, Santa María...

RAFAEL

Dale, sí te acordás. ¿De Juan Carlos no te acordás? *(NORMA niega con la cabeza. Sigue rezando.)* Si casi vivía en casa. Estaba siempre. ¿No te acordás que vos siempre nos salvabas?

NORMA

(Acelera el rezo.) ... llena eres de gracia, el Señor es contigo, bendita tú eres entre todas...

RAFAEL

(Exasperado.) Hacé un esfuerzo, mami. ¿No te acordás cuando dejé la facultad? ¿Y todas esas peleas, todo eso...? *(NORMA se pone a llorar.)* No, no, no... no llorés, no llorés...

####### NORMA
Mami no me llama nunca.

RAFAEL trata de aliviar la charla.

####### RAFAEL
¿Quién, la abuela? Mamá, no te acordás que la abuela...

Y se frena. Mira a NORMA acariciar el osito que asoma de su camisa. Algo se afloja en él.

####### RAFAEL *(Sigue.)*
No llorés, yo le voy a decir que te llame, ¿eh?

####### NORMA
No, ella no me quiere.

####### RAFAEL
¿Cómo no te va a querer? Todo el mundo te quiere. ¿Quién no te va a querer a vos, mami? *(Al osito.)* ¿Vos no la querés, osito? ¿Eh?

####### NORMA
(Manipula al osito, hablando como él.) ¡Malo, malo, malo, malo!

Se quedan en silencio. RAFAEL la mira, como buscando algo. NORMA en su mundo. Respira agitada, niega con la cabeza. RAFAEL se rinde. Mira hacia adelante. Y NORMA habla.

####### NORMA *(Sigue.)*
Yo no me quiero morir.

####### RAFAEL
Mami, qué decís, no digás eso.

NORMA

No, sí, sí. Yo sé... que un poquito mal estoy.

RAFAEL *trata de llevarla por el lado del chiste.*

RAFAEL

¡Vos no te vas a morir! Ni se va a morir papá, ni me voy a morir yo...

Pero la voz lo traiciona. Se queda en silencio. NORMA acaricia el osito. RAFAEL empieza de nuevo.

RAFAEL *(Sigue.)*

¿Tampoco te acordás del restaurante? ¡Dale! El que era tuyo... Del nombre, ¿no te acordás del nombre? *(NORMA niega.)* Belvedere, mamá.

NORMA

Como papi.

RAFAEL

Sí, como papi, sí... Como papi... Me fue muy bien con el restaurante. Muy bien. Bueno, ahora lo vendí, pero porque me fue muy bien. Si pudieras entenderme..., estoy seguro que... Yo sé que vos no estabas muy contenta conmigo. No... pero no es que yo quiera seguir siendo un boludo, creéme. *(NORMA se ríe.)* Yo quiero que estés contenta. Quiero que te sientas orgullosa de mí. *(Se va exasperando por la pared que es NORMA. No puede controlar el llanto.)* Yo no quiero ser un boludo, creéme, quiero ser alguien, mamá...

La mira, llorando. NORMA lo mira y sonríe. Le seca una lágrima.

NORMA

Yo te quiero. Yo te cuido..., no te preocupés.

RAFAEL se quiebra.

RAFAEL

Perdoname, mamá. Perdoname..., perdoname.

NORMA le habla al osito, señalando a RAFAEL.

NORMA

Mi nene..., besito a mi nene. Besito, besito.

Hace que el osito le de un beso a RAFAEL.

EXTERIOR - ENTRADA EDIFICIO NATI - DÍA

Está lloviendo a cántaros. RAFAEL se acerca a un edificio. Trae un ramo de rosas. Toca el portero eléctrico con insistencia. El encargado lo mira de mala manera.

EXTERIOR - ENTRADA EDIFICIO NATI - DÍA

RAFAEL, apoyado en un árbol mira su reloj con impaciencia. Le cae la lluvia encima.

EXTERIOR - ENTRADA EDIFICIO NATI - DÍA

RAFAEL tiene el dedo pegado al portero eléctrico, aterido de frío.

EXTERIOR - CALLE DEPARTAMENTO NATI - NOCHE

Ya es de noche. RAFAEL está en la esquina, desilusionado, empapado, muerto de frío. Tira las flores a un tacho de basura.

En ese momento, ve a NATI bajar de un colectivo. Desesperadamente, trata de sacar las flores del tacho de basura, arreglándolas, envolviéndolas de nuevo. Mira a NATI. Un coche que pasa pisa un charco y empapa a NATI. NATI lo putea y tira sus libros al coche, al borde de un ataque de nervios. Se recuesta contra un tronco y se pone a llorar.

RAFAEL, con su alicaído ramo de rosas, se acerca a ella, al salvataje. Al llegar a ella, se detiene y con voz seductora dice:

RAFAEL
Linda...

NATI mira entre las lágrimas y la lluvia y ve la silueta de un hombre desaliñado, empapado, con un ramo de flores todas rotas. Pasa un colectivo detrás de él, enceguciéndola.

RAFAEL *(Sigue.)*
(Se acerca.) Vení, abrazame......

NATI
¡No me toque o lo mato!

Y lo empuja con todas sus fuerzas. Las rosas salen volando. NATI cruza la calle debajo de la lluvia.

NATI *(Sigue.)*
¡Osvaldo! ¡Osvaldo, ayudame!

RAFAEL
¡No! ¡No! ¡No te asustes! ¡Vení!

RAFAEL corre atrás de ella. OSVALDO, el encargado, sale del edificio.

NATI
¡Osvaldo! ¡Osvaldo, ayudame! ¡Me quieren robar!

Y se mete corriendo en el edificio. OSVALDO trata de frenarlo. Se ponen a forcejear. NATI se mete en el ascensor.

OSVALDO
¡Rajá de acá, negro de mierda! ¡Andate antes de que te rompa la cara a patadas!

RAFAEL
¡Es mi novia! ¡Déjeme hablarle por el portero, por favor!

OSVALDO
¡El portero soy yo y con vos no hablo!

RAFAEL se suelta y corre hacia el departamento. OSVALDO lo persigue.

INTERIOR - CASA DE NATALIA - NOCHE

NATALIA está discando el teléfono nerviosa. Suena el timbre. Natalia mira hacia el portero visor, y ve la cara de RAFAEL, distorsionada y en gran angular gritándole al portero.

Cuelga. En la imagen, OSVALDO lo agarra a RAFAEL y lo empuja. Forcejean. RAFAEL trata de volver al portero. NATI atiende.

NATI
Osvaldo, dejalo...

EXTERIOR - ENTRADA EDIFICIO NATI - NOCHE

Se oye a NATI claramente por el parlante. Los hombres dejan de forcejear.

           RAFAEL

¿Qué te dije? ¿Qué te dije? Es mi novia... Oíme. Abrime la puerta, necesito que me escuches...

           NATI *(Off.)*

No, ¿qué querés?

           RAFAEL

Necesito hablar con vos, a solas.

INTERIOR - CASA DE NATALIA - NOCHE

Vemos la imagen del portero visor. La cámara se acerca a él lentamente, durante el resto de la escena.

           OSVALDO

(Se acerca al portero eléctrico.) Eh, no sé qué hacer con este tipo, Natalia.

           RAFAEL

Bueno, quedate, qué carajo me importa. *(Pausa.)* Oíme, correte. Escuchame, por favor, Nati. Escuchame. Necesito que me escuches. Bueno... Hice todo mal, todo mal. Nunca te escuché, nunca te di bola en todo lo que me dijiste. Pero... parece que lo vi, el problema, y dicen que... que si lo ves, eso es parte de la solución. La cagada es que no te dicen qué parte es. ¿El cincuenta por ciento, el dos por ciento? No, no sé. Pero... yo creo que me hizo bien la terapia... la intensiva, digo. Eh... qué más... ¡Ah, sí! Que... bueno, no es verdad que no quiero tener más problemas, lo que yo no quiero son los problemas con las cuentas, los proveedores, todo eso. Pero... quiero los tuyos, quiero los de Vicki, los de mis viejos, te lo juro. Son mi familia, yo los... los quiero ayudar, ¿me entendés? Eh... ¡Ah! Y que... mirá, yo quiero... vivir toda una vida con vos, llena de problemas. Los tuyos y los míos, porque... porque esos son problemas, esos son. Y el que no tiene... esos problemas... bueno, ése es el problema más grande que puede tener. Y... que aunque no sea, no sé, Bill Gates, Einstein o el... el Dick Watson, yo quiero vivir toda mi vida con vos, este... llena de problemas, y te voy a cuidar, te voy a... te voy a cuidar, por más problemas que tengas. ¡Que tenga! ¡Que tengamos! ¡Que tengamos! Y... No sé qué más decirte... eh... Decime algo vos, por favor... *(Silencio.* RAFAEL *le habla a* OSVALDO.*)* No contesta.

OSVALDO

Y, las minas son un problema, hermano... ¿Quién es Rick Watson?

RAFAEL

Qué sé yo...

OSVALDO

(Se acerca al portero.) Eh, yo, al muchacho, lo veo sincero, Natalia.

Y en ese momento, en el cuadro del portero visor, entra NATALIA, lo empuja a OSVALDO y lo abraza a RAFAEL. El portero visor se apaga, justo en el beso.

INTERIOR - GERIÁTRICO - DÍA

RAFAEL y NORMA caminan por el salón comedor. NORMA agarra la comida de una viejita.

          NORMA
Qué rico esto, está rico esto.

          RAFAEL
No, no, dejá eso. No es tuyo. Perdón.
  ¿Tenés hambre?

          NORMA
No..., no.

Llegan al lado de una puerta. RAFAEL señala afuera.

          RAFAEL
¡Mirá! Mirá quién está ahí... ¿Ves?

De traje blanco y corbata, está NINO. Parado firme, con orgullo. Al lado de él está NATI.

NORMA lo reconoce y va hacia él. RAFAEL la frena.

          RAFAEL *(Sigue.)*
Eh... Esperá, esperá..., tomá. Mirá lo que tengo para vos. ¿Te gustan?

Saca un ramito de azahares de su bolsillo y se lo da a NORMA. NORMA lo agarra con las dos manos.

          NORMA
Sí.

Y sin que se dé cuenta, RAFAEL le sube el chal sobre su cabeza. NORMA parece una novia.

RAFAEL
Qué linda estás así. Dale, vamos. ¿A ver?

RAFAEL empieza a caminar como un padre llevando a la novia al altar. Llegan a NINO.

NORMA
Ay, papito, qué suerte que viniste.

Se abrazan. NORMA se pone a llorar. RAFAEL se queda parado junto a ellos.

NINO
Tranquila, mamita, ¿eh? Tranquila que no pasa nada.

NORMA
Vení, vamos a casa, vamos a casa.

RAFAEL
Sí, ahora vamos, mami. Ahora vamos. Esperá un segundo, que tengo que hablar con un señor, y enseguida vamos. ¡Señor! ¡Señor!

De un costado aparece el CURA: Es JUAN CARLOS, con el bigote afeitado. Trata de ocultar su emoción.

JUAN CARLOS
Bienvenidos Norma y Antonio a la casa del Señor.

JUAN CARLOS *(Sigue.)*
Hola, Norma...

NORMA

Hola... ¿Querés un polvorón?

JUAN CARLOS se queda sin aire. Su cara se empieza a deformar en un gesto de llanto.

NORMA *(Sigue.)*

(Empieza a llorar.) No, no llorés, ¿eh? Portate bien. Un besito, un besito.

NORMA lo besa. JUAN CARLOS se deja besar, en shock. Se da vuelta, dándoles la espalda. Empieza a exhalar sonoramente y a estirarse el cuello. NINO lo mira como a un bicho raro. Le habla en secreto a RAFAEL.

NINO

¿Vos estás seguro que este es el cura que mandó el padre Mario?

RAFAEL

Sí, papá, lo recomendó especialmente, es de la Iglesia del Eterno. Perpetuo. *(Para sí mismo.)* Socorro.

NORMA

Vamos a casa. Vamos, vamos...

RAFAEL

Sí, mami, le hago una pregunta al señor y ya nos vamos, ¿eh? ¿A ver, señor?

JUAN CARLOS se recompone. Lee de la Biblia.

JUAN CARLOS

En el principio, Dios creó los cielos y la tierra. Y tinieblas cubrían la superficie del abismo. Eh... superficie del abismo... Mientras el Espíritu de Dios aleteaba... ¡Aleteaba! ... sobre la superficie de las aguas. Dijo Dios: «Haya Luz...» y hubo luz. Vio Dios esa luz y... estaba bien, le pareció. Y separó entonces, Dios, la luz... de las tinieblas, ¿verdad? Llamó Dios luz, a la luz, día. Y a las tinieblas llamó noche. Y atardeció, y amaneció el día, pri... mero...

RAFAEL y NINO no entienden nada. JUAN CARLOS lo mira y ve que RAFAEL lo apura con un gesto de bronca contenido.

JUAN CARLOS *(Sigue.)*
Bueno, y así podríamos seguir por los siglos de los siglos.

RAFAEL
(Al público.) Amén.

TODOS
Amén.

JUAN CARLOS
El Señor, quien observa todas nuestras acciones y pensamientos, nos permite hoy celebrar el matrimonio de Norma y Antonio. El Señor quiso que todas sus criaturas tuvieran una razón de ser, de existir, un sentido. Dios formó lindas las flores, delicadas como son. Les dio toda perfección y cuanto él era capaz. Pero al hombre le dio más cuando le dio el corazón. *(Entusiasmado, empieza con el* Martín Fierro.*)*

> «... le dio claridá a la luz
> juerza en su carrera al viento,
> le dio vida y movimiento
> dende la águila al gusano;

pero más le dio al cristiano
al darle el entendimiento.»

RAFAEL
Sí quería un cura gaucho lo traía a Enrique Muiño.

NORMA
¡Vamos a casa, ahora, vamos!

NINO
Padre, mire que nosotros nos tenemos que ir, ¿eh?

JUAN CARLOS
Antonio Belvedere, ¿acepta por esposa a Norma Pellegrini, para amarla y cuidarla, en salud y enfermedad, hasta que la muerte los separe?

NINO
Y después también.

JUAN CARLOS se queda mirándolo.

RAFAEL
Padre, por favor, ¿la puede terminar?

JUAN CARLOS recompone su actitud.

JUAN CARLOS
Norma Pellegrini, ¿acepta por esposo a Antonio Belvedere, en salud y enfermedad, hasta que la muerte los separe?

NORMA
Vamos a casa, vamos..., vamos a casa.

NINO
Ya vamos, ya vamos, tranquila.

RAFAEL
Pregúntele más fácil, padre.

JUAN CARLOS
Norma, ¿acepta por esposo a Antonio?

NORMA
¡Cállese! ¿Quién es éste? Vamos, vamos.

RAFAEL
Mamita, mamita... Mirame un minuto, mirame. Yo te quiero mucho, ¿vos me querés a mí?

NORMA
¡Claro que te quiero!

RAFAEL
¿Y a papi? A papá que lo tenés acá, al lado tuyo... ¿Lo querés... por esposo?

NORMA
Sí, viejito, te quiero.

NINO y RAFAEL le hacen señas a JUAN CARLOS de que ya está.

JUAN CARLOS
Y en esta sencilla pero emotiva ceremonia los declaro marido y mujer. Puede besar a la novia.

NINO la besa. La toma del brazo y se la lleva caminando por el pasillo. No hay música ni nada, silencio total. Vemos que la gente que estaba sentada en el pasillo son conocidos. SANDRA, DANIEL, VICTORIA, FRANCESCO, CARMEN y POLO.

                        VICKI
    Bien, abu, bien...

Algunos lloran en silencio. NINO hace reverencias a todos con
una sonrisa, con orgullo, como un pibe de veinte que empieza su
vida de casado.

RAFAEL los mira irse. Sonriendo, lagrimeando, orgulloso. NATI le
toma la mano.

EXTERIOR - CALLE RESTAURANTE - DÍA

El auto de RAFAEL estaciona enfrente de Belvedere. RAFAEL se baja.
Abre la puerta del auto a sus padres. NINO mira hacia el restaurante.

                        NINO
    Pero... ¿A qué venimos aquí si ya lo vendiste? Nada
    de nostalgia, Rafa.

                        RAFAEL
    ¿No te gustaría verlo de nuevo, papi?

                        NINO
    No, no, vamos a otro lado, dale.

RAFAEL se acerca a su padre.

                        RAFAEL
    ¿Sabés qué pasa? No conseguí ningún salón para al-
    quilar, así que compré uno. Vení, mami.

Y cabecea hacia atrás de NINO, hacia el local de la parrilla de
Gavilán. Adentro están todos los invitados, VICKI está apoyada
en el vidrio.

INTERIOR - PARRILLA GAVILÁN - DÍA

Los invitados están sentados como si fueran clientes del lugar, en mesas de a cuatro. Salvo una torta de bodas con sus muñequitos arriba, el local está pelado.

La lista de invitados: RAFAEL, NINO, NORMA, VICTORIA, SANDRA, DANIEL, FRANCESCO y la esposa, NACHO, dos mozos, CARMEN del geriátrico y otros invitados.

> RAFAEL
> Vení, mami. Vení. Eso... ¿Vamos a comer cosas ricas? ¿Eh? ¿Te gusta acá, esta mesa? ¿Eh?

> NORMA
> No, no...

> RAFAEL
> ¿Por qué no? Es cerca de la ventana, como a vos te gusta...

VICTORIA corre a saludarlos.

> VICTORIA
> ¡Hola, abu!

> NORMA
> Ay, qué nena más bonita... ¿Pero cómo te llamás vos?

> VICTORIA
> Victoria.

> NORMA
> ¿Victoria? Qué lindo nombre. Un besito, dame. ¡Qué bonita...!

RAFAEL lleva a VICTORIA hacia otro lado.

RAFAEL
Ahora vuelvo, mami. *(Le explica a VICKI.)* La abuela se olvida de las cosas, por eso te repite lo mismo cada vez que te ve.

VICTORIA
Papi, ya me lo dijiste cien veces.

RAFAEL
Está bien, está bien, no te enojés, andá...

RAFAEL pasa por al lado de JUAN CARLOS, que charla con NATI. Va hacia SANDRA, parada frente a la torta.

SANDRA
¡Che, qué torta miserable! ¿Quién la hizo, tu novia? Está como pobre de merengue, viste, le falta...

RAFAEL
(Sonríe.) No, no es de merengue. No es de merengue. Gracias por venir...

SANDRA
No..., te felicito, en serio.

RAFAEL
Gracias.

Se miran con incomodidad. SANDRA ofrece los brazos con una sonrisa. Se abrazan. RAFAEL la aprieta más de lo debido.

SANDRA
Bueno, bueno, andá, andá, ahí viene tu... bueno...

Se acerca NATI.

NATI
Hola Sandra.

SANDRA
¿Qué tal, cómo estás, Nati?

RAFAEL
¿Se conocen?

SANDRA
Bueno, por teléfono.

NATI
Sí, varias veces.

SANDRA
Che, qué linda la torta. Divina. Tiene una pinta, mmmm... Che. ¿No te molesta que vine con el Gordo, no?

RAFAEL
No, ¿cómo me va a molestar? Si me encanta. *(Se ríe.)*

SANDRA
No sé de qué te reís. Ojo con el gordo, que así como lo ves... Dick Watson total.

RAFAEL se queda duro. Antes de que llegue a reaccionar, SANDRA le da un beso.

SANDRA *(Sigue.)*
Mi amor, tu papá te necesita...

RAFAEL se acerca a NINO, que mira por la ventana al Belvedere.

NINO

Y empezamos de nuevo...

RAFAEL

No, vos no, papi. Este..., dejame a mí. Vos si querés vení, hacé el tiramisú, como vos quieras, cuando quieras, con todo gusto. Pero éste es mío solo. ¿Qué te creés, que sos el único que quiere empezar un ciclo nuevo? Lo que sí, me vas a tener que ayudar con el nombre, porque no se me ocurre nada.

NINO

Tengo uno. *(RAFAEL lo mira curioso.)* Un nombre de mujer. Una mujer que desde que la vi por primera vez me... Una mujer que me hizo sentir hombre. Una mujer que cualquier hombre querría tener entre sus brazos... «Lollobrigida».

RAFAEL

Me gusta...

NINO

Ojo, no se lo vayas a comentar a tu madre, ¿eh?

RAFAEL

No... *(Ve algo fuera de cuadro.)* Nacho, tené cuidado, te está apuntando a la cara....

Pero es tarde. Se oye el descorchar de una botella de champagne seguida por un grito ahogado, gutural.

RAFAEL *(Sigue.)*

Qué tipo pelotudo.

RAFAEL va hacia él. Al pasar se cruza con JUAN CARLOS que habla con FRANCESCO.

JUAN CARLOS

... Porque él le dio alegría a millones de personas, y después esos mismos fanáticos se dieron vuelta y lo crucificaron...

FRANCESCO

Totalmente de acuerdo.

RAFAEL

Me permite un segundo, padre... *(Lo aparta.)* Terminó la función, pará de hablar de Cristo.

JUAN CARLOS

¿Qué Cristo? Yo hablaba de Maradona.

RAFAEL se acerca y le habla en voz baja.

RAFAEL

Ah... ¿Te la presenté a mi ex mujer?

JUAN CARLOS

No. ¿Quién es?

RAFAEL

La rubia que está allá... *(*JUAN CARLOS *mira.)* Parece que le caíste rebien.

JUAN CARLOS

¿En serio? No jodas.

RAFAEL

¿Sabés que me dijo? Que si no fueras cura te mandaba al infierno.

JUAN CARLOS
Apa. Tiene una sonrisa encantadora, ¿eh?

RAFAEL
Yo que vos me la juego...

JUAN CARLOS
¿Te parece? La verdad que se la ve muy mujer.

Justo en ese momento, SANDRA se da vuelta, los ve y les sonríe. RAFAEL le golpea el brazo a JUAN CARLOS.

RAFAEL
¡Uy, mirá cómo hace!

JUAN CARLOS se manda con silla y todo. Se sienta entre SANDRA y DANIEL.

NINO está con NORMA, solos en una mesa al fondo.

NINO
¿Adónde querés que vayamos de luna de miel?

NORMA
¿Y a dónde vamos a ir? A la mierda.

NORMA se ríe. NINO la acompaña.

NINO
¿No ves que sos siempre la misma? Pero a mí no me engañás, yo sé que vos te estás haciendo la burra y que en el fondo sos la misma Norma de siempre. Pero de mí no te librás. Porque yo voy a estar siempre a tu lado. Siempre.

                    NORMA
Qué pesado.
                    NINO
Y, sí.

NINO se ríe. Le da torta.

RAFAEL los está mirando desde otra mesa, sentado con NATI. Mira hacia un costado y descubre a JUAN CARLOS que lo está mirando a él. Le sonríe. JUAN CARLOS le hace la zeta de El Zorro con la mano. RAFAEL sonríe. VICTORIA lo interrumpe.

                    VICTORIA
¿Y, papi, cuándo te vas a casar de nuevo?

                    RAFAEL
¡Nunca! ¿Dónde voy a encontrar otra princesa como vos?

                    VICTORIA
(Señala disimuladamente a NATI.*)* ¡Papi, no seas tonto!

RAFAEL le sonríe a NATI. Se miran. Ve algo detrás de NATI: NINO le está dando de comer un pedazo de torta a NORMA.

                    RAFAEL
Es como verlo bailar a Fred Astaire, parece tan fácil.

INTERIOR - PARRILLA GAVILÁN - DÍA

NACHO está por sacar una foto.

                    NACHO
A ver, júntense un poquito más. Un poquito más.
(Baja la cámara y vemos que tiene el ojo vendado.)

Tío, pegate un poquito más a la tía... ahí está. Rafael, si te quedás ahí te corto la mitad...

NINO y RAFAEL posan para una foto, con NORMA en el medio.

NINO
Pero vamos, vamos...

NACHO
Digan whisky, ¿eh?

NORMA mira seria hacia abajo. Habla en voz baja.

NORMA
Whisky.

NINO
Cuando se sonría, eh...

RAFAEL
Dale, mami, una sonrisita. ¡Una sonrisita, dale!

NINO
Mirame, mirame: hacé así...

NORMA
(Seria.) Whisky.

RAFAEL
¡Una sonrisa, una sonrisita! Reíte, dale, hacelo...

NORMA se resiste, pero de repente levanta la cabeza y sonríe, mirando a cámara. FLASH.

Y se congela la foto. Como aquella en que RAFAEL de nene estaba en el medio de sus padres. Pero ahora es NORMA la que está en el medio, linda, sonriente. NINO y RAFAEL, lamentablemente, salen movidos.

              RAFAEL *(Off-sigue.)*
¡Eso! ¡Muy bien!

Sobre la imagen congelada van los TÍTULOS.

INTERIOR - CASA DE JUAN CARLOS - NOCHE

Después de los títulos, se oye la voz de JUAN CARLOS.

              JUAN CARLOS
Pará, pará, pará...

              RAFAEL
¿Qué pasa?

Estamos en la casa de JUAN CARLOS. RAFAEL está sentado frente al televisor. JUAN CARLOS pone un video.

              JUAN CARLOS
Pará, vas a ver lo que te tengo preparado...

              RAFAEL
Dale, metele que no tengo mucho tiempo.

              JUAN CARLOS
¡Esperá, mirá lo que te conseguí!

Empieza una película porno. RAFAEL se entusiasma.

              RAFAEL
¿Qué es, a ver? Ah, qué familiar... el tamaño, ¿no? Parece la pierna de un pibe de seis años... ¡Mirá lo que es! ¡Por favor!

JUAN CARLOS
Esperá que crezca... Eso no es nada..., mirá, mirá...

RAFAEL
¡Noooo!

Mientras ponderan la performance del hombre, la cámara se acerca a la caja del video, hasta que se lee claramente: «El sexo sentido. Veo gente desnuda. Filmada en 35 cm, con Dick Watson».

RAFAEL *(Sigue.)*
¿¡Es un termo sopero!? ¿Quién es, el famoso surubí pampeano?

JUAN CARLOS
No, Dick Watson.

CORTE A NEGRO. SE OYEN LAS ÚLTIMAS FRASES.

RAFAEL
Ah, claro. Ahora sí.

JUAN CARLOS
¿Querés un maní?

RAFAEL
No, no, gracias. Ya tengo.

FIN

DOS AÑOS ANTES...

¡VA A COMENZAR, SEÑORES, VA A COMENZAR!

Cuando éramos nada más que espectadores, no había mejor lugar donde pasar la tarde que en una sala oscura, con olor a humedad y a pis de gato. Pero en realidad no era ése nuestro destino. Apenas apagadas las luces nos íbamos al fondo del mar, viajábamos en el tiempo, corríamos carreras de autos, librábamos batallas y éramos recompensados por un beso de La Chica Preciosa. Pasó el tiempo. Las aventuras cambiaron, las chicas preciosas no se conforman con un beso y cosas que nos provocaban risa ahora nos hacen llorar. Superamos la resignación de saber que nunca viviríamos todas y cada una de esas historias, convirtiéndonos en adultos que se dedican a recrearlas. Y no es poco vivir metidos en otras aventuras, otras historias, otras vidas, ahora muy parecidas a las nuestras.

Y quizá también a la suya.

ABRE DE NEGRO

EL HIJO DE LA NOVIA debe su existencia al hecho de que en Argentina la «b» y la «v» se pronuncian igual.

Otro día de escuela en la mítica clase de Jaimito, protagonista de gran parte de los cuentos picarescos conocidos. La maestra decide hacer preguntas sobre asociación de imágenes. «Tienen que decir cosas redondas y peludas.» Una nena levanta su mano. «Yo, señorita.» «Muy bien, Guadalupe. ¿Cuál?» «Un coco.» «¡Muy bien, Guadalupe!» «A ver, Pedrito...» «¡La cabeza del avestruz, señorita!» «¡Muy bien, Pedrito! Excelente.» Y desde el fondo del aula, la mano de Jaimito, ese pequeño aprendiz de argentino, se agita, pidiendo la palabra. «A ver, Jaimito.» «Las bolas de Billar...» «¡Pero no, Jaimito! Las bolas de billar no tienen pelos...» Jaimito se enoja. «¿Cómo que no? Che, Villar, bajate los pantalones...»

Una tarde de domingo de 1999, regresábamos de un asado en la casa paterna de Fernando. En el asiento trasero, sus hijas Lola (8) y Violeta (6). Lola se despedía de sus abuelos, llorando porque al día siguiente debía ir al colegio. Pero además estaba latente el reciente divorcio de sus padres y cada fin de semana era una nueva separación para ella. Así que, puestos a enfrentar los problemas, Juan decidió empezar por los más evidentes.

—¿Por qué llorás? ¿No te gusta ir a la escuela?
—Sí que me gusta... Pero no tengo ganas de ir.
—¿Por qué? ¿Te dan mucha tarea? —Lola asiente—. Pero también cuentan chistes, ¿no?

Lola sigue llorando, pero al asentir levemente da una razón para insistir.
—¿Querés que te cuente el cuento más viejo que conozco?
Lola acepta con desconfianza, se adhiere Violeta:
—¿Todas las cosas que sabés son viejas?
Son todos críticos, piensan los adultos. Pero siguen.
—¿Conocés los cuentos de Jaimito?
Lola se ríe, entusiasmada. La posibilidad de decir malas palabras la entusiasma.
—Bueno, resulta que estaba Jaimito en la clase...
Y comienza el cuento. Al llegar al coco, Lola se entusiasma.
—Yo también había pensado en un coco porque es redondo y tiene pelos.
—A mí no me gusta el coco —dice Violeta.
Y finalmente le llega el turno a Jaimito: «Las bolas de Billar...».
Lola interrumpe el relato abruptamente:
—¿Quién es Villar?
Fernando detiene el auto, con un ataque de risa. El doble sentido del equívoco parecía no sólo haber perdido gracia. Ya ni siquiera tenía doble sentido para una nena de ocho años al final del siglo veinte. No recordamos quién de los dos dijo:

—Qué bueno sería contar la historia de un tipo metido en mil problemas y, de vez en cuando, ir al interior del auto y verlo tratando de conectarse con su hija, con la que ya no tiene códigos en común, a modo de pasaje entre escenas.

Así empezó EL HIJO DE LA NOVIA.

NACE UNA ESTRELLA

El tipo está mirando televisión a las cinco de la mañana. No puede dormir. Está físicamente agotado, pero no tiene sueño. Empieza a hacer zapping. No le gusta nada, no soporta nada. El zapping se acelera, los sonidos se mezclan, las imágenes se tornan abstractas. El tipo se desespera y cuando está por tirar el control remoto aparece, perdido en el Canal 865, un viejo capítulo de *El Zorro*. El tipo se engancha, listo para reírse de esa antigüedad. Y lentamente, recuerda la tarde en que vio ese capítulo por primera vez. Canal 13, a las siete de la tarde. Su mamá le estaba sirviendo Vascolet, una marca de chocolatada en polvo hoy inexistente. Recuerda que estaba con su amigo de la infancia. ¿Cómo se llamaba? ¿No tenía un disfraz de El Zorro? Sí..., y la gomera también. Se acuerda de los patoteros que le rompieron la casilla del potrero. Se le ocurre que ésa fue la última casa que construyó. Y lentamente, casi sin darse cuenta, el tipo llora.

El tipo todavía no tenía nombre. Pero nosotros teníamos, por lo menos, una escena. Un ancla. Una punta del ovillo de donde empezar a tirar. Sabíamos que el tipo iba a tener mucho de nosotros, especialmente lo malo. Miedo al compromiso, falta de ideales, divorciado, que pasa de una relación superficial a la siguiente. El tipo iba a andar corriendo de un lado a otro, ocupado con lo urgente, sin tiempo para lo importante. Unido a un hijo adolescente por una sola cosa: tampoco creía en él. En suma, un tipo que sufre porque no tiene lo que cree merecer y no goza lo que tiene porque cree no merecerlo. Casi nada.

El tipo, por primera vez en una historia nuestra, iba a tener padres. *El mismo amor, la misma lluvia* era la historia de poca gente a lo largo de muchas épocas. Queríamos que ésta fuera la historia de mucha gente en una época sola. De la nena de diez al padre de ochenta. Un mosaico.

Que a esta altura parecía un caleidoscopio. Muchas formas lindas, llamativas, pero nada reconocible. Faltaba la historia, el cuento, el «qué pasa». Sin que se nos ocurra nada, seguimos adelante con el tipo. Que no sea artista. Muy específico. ¿Abogado? ¿Arquitecto? ¿Cualquier tipo de profesional? Esos mundos se nos antojaban aburridos, poco cinematográficos. Además, queríamos que el tipo tuviera, aun sin saberlo, una función más vital. Sabiendo que para construir un mundo mejor no hacen falta arquitectos ni abogados, pero sí comida, pensamos en un restaurante. El tipo da comida. Nutre. Tiene cierto orgullo por su función social, aunque está muy desvalorizado.

Ya era hora de que el tipo tuviera nombre. El supervisor de postproducción de *El mismo amor...* se llamaba Belvedere. Nombre gracioso. Para el primer nombre queríamos un nombre italiano, de un artista. ¿Leonardo, Miguel Ángel, Rafael?

El tipo ya no era el tipo. Era Rafael Belvedere, nuestra estrella. De enorme parecido a Ricardo Darín. Ahora es Rafael quien se mueve en un mundo inexistente, sin historia, sin cuento para contar.

CENA A LAS OCHO

Juan está cenando con Délfor, su papá. Délfor está en sus ochenta. Luisa, su esposa, padece el mal de Alzheimer y está internada. Délfor le dice a Juan que estuvo pensando... Y como quien no quiere la cosa, comenta que quería casarse con su madre por la Iglesia, cosa que no habían hecho anteriormente (Luisa está divorciada de su primer marido). «Para empezar un ciclo nuevo.»

Una necesidad simple, pero profunda, conmovedora. Parece que Délfor no se da cuenta de lo importante de su idea. La maquinaria se pone en marcha, pero se frena rápidamente. La Iglesia no permite el casamiento de gente sin discernimiento. El casamiento es un contrato legal. No se puede.

Délfor se quedó sin casamiento. Pero Rafael consiguió su historia. Ahora sólo había que escribirla, pero con un elemento tan fuerte y teniendo ya al personaje principal, seguramente ese trámite iba a ser fácil.

Era mayo de 1999.

NEUTRO
BELVE está leyendo el diario, a alguien a quien no vemos aún.

      BELVE
(Leyendo.) «Saint-Lary, Francia. Elias LeFevrier quiso asegurarse de su muerte al cometer suicidio. En la cima de un acantilado se ató un nudo alrededor del cuello con una soga y amarró la otra extremidad de la soga a una enorme roca. Bebió veneno y se incendió la ropa. Hasta trató de dispararse a último momento. Saltó al precipicio y se disparó al mismo tiempo. El proyectil no lo tocó, pero al pasar cortó la soga sobre él. Libre de la amenaza de ahorcarse, cayó al mar. El no previsto zambullido en el agua extinguió las llamas y le hizo vomitar el veneno. Un pescador caritativo lo sacó del agua y lo llevó a un hospital, donde murió de hipotermia.»

BELVE cierra el diario, lo dobla, mueve la cabeza, como asintiendo, pero parece estar pensando en otra cosa. Mientras le habla a alguien a quien no vemos, descubrimos el lugar.

Con esta particular noticia, sacada de Internet, empezaba el primer boceto de EL HIJO DE LA NOVIA. Rafael la lee en un diario en la cola de espera de un hospital público al que fue acompañando a un amigo que de sólo ver una aguja se desmaya. Es el último día del milenio, 1999. La inevitabilidad de la muerte abría nuestra película.

  Con muy pocas frases, casi hablando a la cámara, se presenta de inmediato al protagonista, con humor y contundencia. Y así entramos en la historia. Le seguían treinta y dos páginas de nuestro personaje deambulando por el hospital, sufriendo un ataque al corazón, quedando internado y pasando la noche de Año Nuevo del 2000 solo, mirando por una ventanita de su habitación, el reflejo en el cielo de los fuegos artificiales. Suena su celular. Con alegría (alguien se acordó de él) atiende. Es un mensaje grabado de Telefónica, deseando Feliz Año Nuevo a sus clientes. Corría la página 32, y del casamiento de los padres ni noticias.

Pero habíamos logrado algo muy importante. Habíamos oído hablar a Rafael durante treinta y dos páginas. De todas esas páginas sólo quedó un montaje de un minuto y 30 segundos, pero el tipo ya no sólo tenía una vida y un nombre. Ahora tenía una voz.

Estábamos listos para empezar de nuevo, a fines de junio del 99.

TIENES UN E-MAIL

Una pregunta repetida infinidad de veces: ¿Cómo hacen para escribir juntos si uno vive en Estados Unidos y el otro en Argentina?

Siempre hemos escrito separados. Cuando nos juntamos terminamos hablando de cine, películas, directores y la vida en general. Entretenido, pero terriblemente improductivo. Eso sí, vía e-mail, hemos escrito cartas que consumieron más tiempo que la escritura de la escena comentada. Nos sigue divirtiendo hacerlo como parte de nuestro trabajo y descubrimos ahora que tienen el valor agregado de documentar nuestras discusiones, la forma en que se fue dispersando la nebulosa. Vayan estos e-mails (de los cuales hemos eliminado al autor) como documento.

Teníamos entonces treinta y dos páginas de Rafael en el hospital. Y viene el primer e-mail.

> Creo que no podemos estar en el hospital más de diez páginas. ¿No íbamos a hacer un mosaico de nuestra época? Un hombre preocupado por su tiempo, un símbolo de nuestro tiempo. Esto así no es más que un tipo al que le agarra un pico de presión, y está en el hospital, y le pasa una cosa tras otra. No tenemos el tema todavía, y es inevitable caer en anécdotas sueltas, en la que el protagonista no sería más que el pie. Sin el tema no podemos seguir

avanzando. Hablemos de nosotros. ¿Qué buscamos? ¿Qué tipo de romance, de amor, de felicidad cinematográfica buscamos? No hay ideologías, ni ideales, ni sueños. Todo está bien, todo es negociable y, al mismo tiempo, nada nos satisface. Creo que esto es un mal muy extendido y del que nadie ha hablado todavía. Esta sensación de ansiedad aumenta ya que está fuera de ritmo con la historia, por lo menos de este siglo. En el siglo, el ciclo era una década de joda y superficialidad, seguida por una década de espiritualidad, seguida por una etapa de desilusión con la espiritualidad. Los locos años 20 fueron seguidos por los sociales 30, seguidos por los cínicos 40, seguidos por los locos 50, seguidos por los espirituales 60, seguidos por los cínicos 70, seguidos por los superficiales 80, ¿y el 90? El pescado sin vender. Nos quedamos sin contrapeso. Sigue siendo cada vez más superficial. En medio de todo esto, Nino quiere casarse. Ésta es la historia. Por supuesto que esto está mechado con todas las otras relaciones, y el quilombo que se arma cuando Belvedere trata de juntar a ex esposa con nueva novia, con nuevo novio de la ex esposa, y el hermano, etc., etc., en el casamiento. ¿Pero cuál es el TEMA?

A falta de tema, seguíamos con el argumento y los personajes. Una preocupación era cómo presentar a la madre. Primera sugerencia:

> Un picnic, normal. Ahí conocemos a Norma. En el transcurso de la escena (los chistes de Villar, etc.) nos damos cuenta de que algo le falla. Pero nunca decimos que tiene Alzheimer. Hasta puede (o debe) ser con humor. Corte al coche, van todos cantando un tango. Norma les corrige la letra a todos cuando se equivocan y Rafael frena el auto y dice: «Bueno, llegamos a casa». Él baja, y los demás se quedan en el coche. Rafael abre la puerta de la mamá, y la hace bajar. Nino se queda en el coche, triste. Finge una sonrisa

de despedida, que ni siquiera es vista por Norma. Y vemos que Rafael va con Norma al geriátrico, toca el timbre, abre una enfermera, y Rafael la deja. Parece una manera potente, sorpresiva y no cliché de presentar el tema geriátrico.

Ya ven, no quedó demasiado de esto. Aunque nos gustaba la presentación de Norma. ¿Por qué no habrá quedado?

PERDIDOS EN LA NOCHE

Y seguíamos perdidos, como demuestra este e-mail del 24 de Junio del 99.

> Yo también querría descular aunque sea los grandes rasgos de la historia, sabiendo que el casorio es el tercer acto. Bah, en realidad, es fácil. Primer acto: presentación de todos los personajes y sus dramas. Segundo acto: tratar de juntar a todos, los problemas, se le va cayendo el mundo, se enojan todos con él, problemas en el laburo, etc., etc. Tercer acto: el casorio. Por ahora no sé nada más. Yo también quiero que pase el fin de milenio en el hospital. Es buenísimo.

Aparte de esas treinta y dos páginas en el hospital, no habíamos escrito nada. Pero hay un proceso que se llama incubación inconsciente. Funciona así: usted quiere decirle a su novia que, a su modesto entender, el mejor actor de la historia es... ése... ¿Cómo es? Ése, el alto... ¿John Wayne? aporta su novia. Usted la mira con compasión. «Mirá si va a a ser John Wayne el mejor actor de la historia.» «Era alto», se defiende ella. Pasa el día y usted no puede prestar atención a nada, tratando de recordar el nombre del, a su modesto entender, mejor actor de la historia. «Ese que estaba en la película con el ángel.» «¿Warren Beatty?», y usted reprime el sopapo a su novia, sigue sin acordarse del mejor actor de la historia, y ahora encima trata de pensar en qué película estuvo Warren Beatty con un ángel. Finalmente, aprieta los dientes y da por abandonado el tema.

Un mes después, a las cuatro de la mañana, se despierta empapado en sudor: «¡James Stewart!». Despierta a su novia. Le dice que el mejor actor de la historia es, a su modesto entender, James Stewart. Su novia lo deja por antiguo. Ella prefiere a Matt Damon, la muy joven.

Ha caído usted en las manos de la incubación inconsciente. Creyó que se había olvidado del tema, pero no. El cerebro sigue pensando. Cuando se le ocurra algo se lo va a soplar para que usted lo grite en el momento más inoportuno.

Y a ese proceso nos encomendamos. Perdidos, encerrados, bloqueados por la parálisis mental. Lo que teníamos hasta el momento: a Rafael, con una supuesta novia joven. Su hijo adolescente que dejaba embarazada a su novia. Un hermano adoptivo llamado Saúl, médico, peleado con Rafael. Nino se quería casar con Norma. Y la ex, Sandra, tiene un novio con el que la hija se lleva mejor que con su padre. Nada más. Era principios de julio del 99.

LAS PUERTAS DEL CIELO

Pasaron los días, y sólo atinábamos a escribir escenas sueltas. O nos retábamos o alentábamos, sin un resultado claro.

> «TEMA, TEMA, TEMA. Sigo buscando ese comienzo fuerte, que tenga que ver con el tema, y que además nos dé el TONO. TONO Y TEMA, TONO y TEMA, TONO y TEMA, repitamos como un mantra.»

> «Mi guerra privada con Ciudad.com está por empezar. Me bloquean el uso de Internet desde dos máquinas. Te dicen (ya no sutilmente) que alguien te está usando la cuenta y por eso te la bloquean. Posta. ¿Y si tenés más de una compu? Se las voy a pelear.»

> «¿Y si Sandra y Rafael están separados y deciden divorciarse en la película?»

> «Todavía no tengo la historia, pero escribí un comienzo nuevo. Me había agarrado al tema de los hermanos. Incor-

poré tus comentarios y quizá tenga algo. Creo que Rafa puede ir camino al hospital, después saber que es año nuevo, Saúl (el hermano) lo ayuda, parece que lo salvó justo a tiempo no sabemos de qué, tiene el ataque de presión y más adelante descubrimos que el causante fue una discusión con Rafa. ¿Y a lo mejor por ese billete falso?»

«La toma final ya la tengo. En la celebración del casorio, no sé con qué quilombo terminaremos, pero vemos que en un momento Belvedere mira a algo fuera de cámara, y sonríe. Una placidez lo invade. El quilombo alrededor de él se enmudece. Nos acercamos a su cara. Corte a lo que ve: en una mesa, un poco apartada del resto, Nino está cortando pedacitos de torta con un tenedor, y se los va dando a Norma en la boca, mientras hablan, por supuesto incoherencias, y sonríen.»

«Me gusta. Belve come una porción de torta que le da su novia, con el tenedor. Una de las hijas le pregunta si ellos también se van a casar. Belve no se atraganta, pero le pasa cerca. Se señala la boca, que está masticando, pero quiere zafar. Las nenas se entusiasman y dicen: "¿Yo también me puedo poner un vestido de novia? ¿Puedo ser la madrina? ¿Tengo que hacer todo lo que me dice el señor de la iglesia? ¿Podemos ir con ustedes a la luna de miel?". Pero Belve se pierde mirando a sus padres mientras comen. Parece todo tan fácil...»

«¡Ya sé! Un inspector de sanidad le hace una multa falsa a Rafael, le van a cerrar el restaurante. Rafael tiene que pagar una coima, pero no tiene dinero. Nino se entera y, sin que Rafael se dé cuenta, para salvar el restaurante, gasta la plata que tenía para el casamiento pagando la coima.»

«Pregunto. ¿Por qué no arrancar con la cena de fin de año en el restaurante? Algo pasa, un intoxicado, algo más grande. Rafa quedaría como un trucho, no sé, pienso.»

«No me termina de cerrar lo del chiste de Villar. ¿Dónde lo metemos? ¿Lo metemos?»

«¿Tenemos mucho de todo, poco de algo o nada de nada? Me parece que Rafa está perdido. Todavía no lo tenemos. Y el tema sigue sin definirse, ¿no?»

«Saúl. ¿Cuál es la competencia entre los dos? ¿Es Saúl el que no era simpático, el que no era lindo, el menos favorito? ¿Puede ser que Saúl no pueda tener hijos?»

«Estamos más perdidos que el inspector Clouzot en *Un disparo en la sombra*. TEMA Y TONO. TONO Y TEMA. TONO Y TEMA. REPITAMOS MIL VECES.»

Y finalmente, cuando ya nos habíamos olvidado de ella, la incubación inconsciente nos devolvió el llamado.

GESTITO DE IDEA

Agosto 7 de 1999

Hoy me acaba de atacar una idea que me recopó. Hasta le puse fecha a la carta para que quede registrada. Antes que nada, empiezo con una frase de George Carlin para romper el hielo: «El dueño de la calesita y el de la vuelta al mundo se movían en diferentes círculos. Por eso nunca daban una vuelta juntos». No tiene nada que ver con la idea, pero es divertida. Okay, acá va. Creo que ata todos los cabos que veníamos barajando, hasta el de una idea que habíamos olvidado.

Cabos sueltos: 1) ¿Por qué se quiere casar Nino por la Iglesia? 2) La realidad de que la Curia no casaría a una persona sin dominio de sus facultades. 3) El hermano de Rafael, Saúl, y qué es lo que lo hace único en la vida y necesario en nuestra historia. 4) La idea de los extras, que habíamos abandonado. Por ahí estás adelante ya, pero ahora me explico. Nino quiere casarse por la Iglesia. Motivo: Nino es ateo. Escapó de Italia durante el fascismo por sus ideas. Al llegar a Argentina, puso un restaurante porque era lo único que le daba placer además de pensar: comer. Pero quiso que sus hijos fueran educados e intelectuales. Cuando conoció a Norma, ésta quería casarse por la Iglesia, como cualquier chica, su sueño era dar esos pasos hacia el altar y decir «Sí, quiero». Por supuesto, Nino, arrogante y joven como era, no lo hubiera permitido nunca. ¿Casarse por la Iglesia? Cosa de ignorantes, de brutos, de fascistas. Y Norma, por amor a él, renunció al único sueño que tuvo en su vida. Y ahora, quizás un poco tarde, se da cuenta de que el pelotudo fue él, y no quiere que Norma se muera sin que se cumpla su sueño. Por supuesto, esto abre puertas en cuanto a sentimientos de culpa y otras cosas que hablaremos más tarde. La cosa es que éste es el motivo: que Norma no muera sin que se le cumpla ese sueño. Saúl, por otra parte, no es el hermano de Rafael. La verdad es que eso abre otro tema más de complicaciones. ¿Por qué están enojados? ¿Por qué Saúl no ayuda al casamiento? Tendríamos que explicar la preferencia de Nino por Rafael y no por Saúl, etcétera. Nos tendríamos que meter en cosas que merecen una película en sí. Entonces, ésta es mi propuesta. Saúl es un amigo de Rafael. Puede ser médico o no, pero es amigo. Y Nino no lo conoce. Quizá puede ser el tipo del que se hace amigo esa noche de año nuevo en el sanatorio (el enfermo de la cama de al lado). Saúl puede tener cualquier profesión o laburo que queramos, pero es además «actor». Saúl: ¿Viste *Tango feroz*? ¿Viste la escena en que el amigo le dice a Tango que se vaya a la mierda y Tango va al baño? Rafael: Sí. ¿Qué? ¿Vos eras el amigo? Saúl: No, pero cuando Tango va al baño y abre la puerta, se ve al que limpia el baño, hasta que la puerta se cierra.

¿A que no sabés quién era el tipo? Por supuesto, como yo no ví *Tango feroz* estoy inventado la escena, pero bueno, el caso es que es extra. Un fracaso como actor. Y que también tiene un sueño. Desde chiquito va al cine y el cine le provoca alegría y placer y confort. Y bueno, alguna vez quiere provocar eso en la gente. Y sabe que lo va a lograr. Porque es un gran actor. Sigue la peli con todas las cosas de las que venimos hablando. Al final del segundo acto, pasa lo de la Curia. A pesar de la brillante defensa de Rafael con respecto a que para casarse hay que estar loco, no se permite el casamiento. Antes de darle la mala noticia a Nino, lo llama el coimero y tiene la escena en la que se entera que Nino dio la plata para la coima. Y viene la próxima escena, del encuentro entre Nino y Rafael. Nino trata, con valentía, de ocultar el dolor que siente por todos estos motivos: 1) Descubrir que su hijo prefería pagar esa coima. 2) Haberse ensuciado él, que nunca lo hubiera hecho. 3) Ya no tener plata para el casamiento. Rafael, avergonzado, no atina a defenderse ni nada. Simplemente dice que no se preocupe, que viene de la Curia y que está todo solucionado: le dan permiso para casarse, y no sólo eso, que el cura va a venir gratis. Tercer acto: el casorio. Por supuesto, Rafael perdió el negocio (no sé por qué, esto hay que pensarlo). Nino está preparado para el casorio. Fiesta. Bueno, bah, veremos. Pero llega el momento del casamiento y corte al cura: Saúl, disfrazado de cura. Hasta Nino se la cree. Y si esto no es una carcajada y aplauso y llanto, yo no entiendo más nada. Por supuesto, Saúl está chocho porque con su actuación le está dando ese placer que buscaba a alguien. Es más, se puede pasar toda la ceremonia aguantando el llanto, lo que con la cara de Eduardo, y la desesperación de Rafael puede ser un cuajo de risa. Norma, en su mundo, cree que tiene veinte años y se está casando con su príncipe azul. Lo mira a Nino como ninguna otra persona lo puede mirar. Nino tiene de repente veinte años y su cara tiene que transmitir, por lo menos, lo que transmite la de James Stewart al final de *Qué bello es vivir*. Hasta él se cree que se está casando en serio. Bueno, ésa es mi idea del fin de semana. Para mí, cierra todas las cosas que venimos barajando. Yo te la tiro, vos agarrala y a ver qué te parece.

Contestame rápido, que estoy reembalado.

Con una estructura más o menos clara, estábamos listos para empezar a escribir aquel guión que pensábamos que no nos iba a demorar más de dos meses. Habían pasado cuatro.

EL MISMO AMOR, LA MISMA LLUVIA

Pero la espera iba a continuar. A principios de septiembre se estrenaba en Buenos Aires nuestra película anterior, *El mismo amor, la misma lluvia*. Desde mediados de agosto hasta fines de octubre, esa película, tan querida por nosotros, iba a ocupar todo nuestro ser, nuestra alma. Ocupó todo menos la incubación inconsciente, que seguía infatigable, agregando detalles, escenas, momentos, frases (el bocadillo de Michael Jackson nació en ese período, aún una frase sin escena que la contenga).

NEW YORK, NEW YORK

La decisión estaba hecha. Teníamos que juntarnos de nuevo para escribir el primer boceto. Juan tenía trabajo de dirección en Estados Unidos, así que Fernando vendió todo lo que pudo y allá viajó. Igual escribíamos separados, pero nos reuníamos diariamente a intercambiar escenas y corregir. Durante los meses de febrero y marzo de 2000, nace el primer boceto.

Con gran entusiasmo, en los primeros dos días escribimos lo que sentíamos como un comienzo excelente para la película. Acá va, en exclusiva para los lectores de este libro, ya que no podrán verlo en ningún otro lado.

EXTERIOR - CALLE - NOCHE

SIRENA. Una ambulancia dobla una esquina, coleando. Frena bruscamente frente a un hospital. Dos camilleros salen corriendo de la cabina hacia atrás. Abren la puerta de atrás con energía. Los paramédicos tienen al enfermo listo. Con movimientos urgentes y certeros llevan al enfermo hacia el hospital. Golpean.

Silencio. Golpean de nuevo. Un encargado abre una rendija. Habla un poco con los camilleros. Se los ve discutir. El camillero se encoge de hombros. El encargado cierra la puerta. Los camilleros vuelven a llevar al enfermo a la ambulancia. Se van.

COMIENZA ESCENA DE TÍTULOS

INTERIOR - HOSPITAL - NOCHE

Montaje frenético. La ambulancia entra a un hospital. Los médicos vuelven a bajar la camilla. El enfermo, RAFAEL BELVEDERE (42), está semidesmayado.

Montaje entrando al hospital. Cámara frenética.

Subjetiva de RAFAEL. El médico que vino en la ambulancia discute a los gritos con el de recepción. El enfermo ve la imagen medio mareado, oye los sonidos distantes.

A un enfermero se le escapa una manija y el enfermo se cae a un costado.

Dos enfermeros lo levantan para transferirlo a la camilla con ruedas. ¡Uno, dos, tres! Se oye un pedo. RAFAEL murmura: «Yo no fui».

Dos camillas tienen que entrar en el ascensor. Hay lugar para una. Los médicos discuten. RAFAEL escucha a su médico: «Angina de pecho». El otro médico anuncia triunfalmente: «Derrame cerebral». RAFAEL masculla un «Déjenlo, déjenlo». La camilla se traba al subir al ascensor, el viejo se sacude, justo cuando ambos rostros están en cuadro. RAFAEL mira al viejo.

RAFAEL ve las imágenes fantasmagóricas de los que esperan, los que atienden, los que duermen y los que lloran. Se marea cada vez más. Al pasar junto a una cama, una enfermera cubre con la sábana el cuerpo de alguien que acaba de morir. El vuelo de la sábana gastada y pálida sobre el reciente cadáver se convierte en...

INTERIOR - RESTAURANTE - DÍA

Un mantel que se extiende a través del aire de una punta a la otra de una larga mesa, cubriéndola. Sus colores y dibujos casi nos encandila. Hay mucho bullicio en el lugar. Pero las imágenes no se ven con claridad, además de su movimiento constante.

Frente a un espejo, el rostro de un Papá Noel se arma con algodones y papeles de colores. Vemos un par de manos que van pegando los elementos dándole forma al rostro. Siempre a través del espejo, algo difuso, un rostro humano encaja a la perfección con el rostro armado del Papá Noel, pareciendo alguien con el típico disfraz. A medida que se acerca hacia el espejo descubrimos a RAFAEL en ese rostro. Las manos que armaron la silueta enciende un juego de luces de arbolito que adorna el espejo y la silueta. Las luces de colores empiezan a titilar.

INTERIOR - GUARDIA HOSPITAL

El rostro de RAFAEL es iluminado por luces de colores que parpadean. Una enfermera frota su brazo con un algodón, para canalizarlo. Una guirnalda de luces con forma de árbol de Navidad cubre una de las paredes de la caótica y sofocante guardia. RAFAEL trata de fijar la vista sobre la acción de la enfermera. Ve cuando le pinchan el brazo para inyectarle el suero. Las caras de los médicos sobre él. Un médico tiene tiempo para tocarle la cola a la enfermera. La enfermera le tira el líquido de una jeringa. Otro médico por detrás de la enfermera la «apoya». Ésta tira hacia sus espaldas el algodón que tenía en la mano, manchado con la sangre de RAFAEL. Al tratar de esquivarlo, empuja al otro médico quien se agarra de la barra que sostiene el frasco de suero y la arrastra. El tironeo arranca la manguera del brazo de RAFAEL.

La imagen de su brazo que empieza a sangrar con abundancia y la mano de la enfermera con un algodón tratando de limpiarlo se convierte en:

INTERIOR - COCINA RESTAURANTE

La mano de RAFAEL que moja un pedazo de pan sobre un jugoso lomo entero recién salido del horno. Otra mano entra y lo saca. El cocinero es NINO, uniformado para la ocasión. Hay varios platos preparados, un par de ayudantes que dan los últimos toques y una pareja que saluda a NINO y a RAFAEL, mientras elogian los platos y se despiden, efusivamente.

RAFAEL espera que salgan de la cocina y saca de una enorme heladera una bandeja con un balde y dentro una botella de champagne. Junto a ella, dos copas ya servidas. Se nota que las escondió cuando vio aparecer a la pareja que saludaron. Le acerca una copa a NINO. Brindan. NINO levanta la copa y la acerca a la cámara, para chocarla con la de su hijo.

INTERIOR - SALA HOSPITAL

El rostro de RAFAEL, adormecido y un vaso con agua que entra a cuadro y otra mano con una pastilla que se la pone en la boca. La enfermera le está dando un remedio. RAFAEL toma la pastilla, el agua y vuelve a acostarse. En su recorrido, mira hacia otro lado, y ve al enfermo de la cama de enfrente mirándolo. Parece reconocerlo. La enfermera se para en el medio tapándole la vista. RAFAEL se estira para mirar al enfermo, entre mangueras y el sostén del suero. La enfermera prepara la jeringa. Los ojos de RAFAEL van del enfermo a la jeringa y de nuevo al enfermo. La jeringa va hacia su brazo. Cierra los ojos...

INTERIOR - CASA DE LA INFANCIA - DÍA

La mano con la jeringa es reemplazada por otra mano de mujer trayendo una galletita. Los sonidos siguen siendo distantes, reverberantes. «RAFAEL, ¿querés un polvorón?». De fondo, la música de presentación de *El Zorro*. Un chico de 10 años (RAFAEL) prepara un Nesquick de banana, sonríe.

El sargento García viene corriendo a cámara: «Lanceros, persigan a El Zorro».

RAFAEL niño y otro chico disfrazado de El Zorro, combaten a «duelo» con dos palos de escoba. RAFAEL gana, al otro se le cae la espada. RAFAEL, ahora grande, empieza a golpear al otro chico con el palo de escoba. El otro chico pide por favor que lo perdonen, pero RAFAEL golpea con furia. Alguien le frena el palo. RAFAEL se da vuelta, y ve que es su madre, NORMA: «Chicos, está lista la comida». Ahora los dos son chicos de nuevo, y siguen a la madre adentro de la casa: RAFAEL y El Zorro. La madre: «Juan Carlos, ¿te querés quedar a dormir?». Los chicos corren contentos. La música de *El Zorro* termina, la espada marca la Zeta.

La idea era seguir con un *flash-back* (una vuelta al pasado) de cómo había sido ese día, el día que había mandado a Rafael al hospital. Un comienzo dinámico, cinematográfico y fuerte. Presentaba a nuestra historia y a nuestro personaje de forma contundente. Lamentablemente, no establecía el TEMA ni el TONO. Nuestro mantra.

TEMA: una idea recurrente. Un motif. Un tópico de discusión. No es el «qué pasa». Eso es el argumento. El TEMA es algo más grande, abarca más. Después de discutir y discutir, nos dimos cuenta de una idea recurrente a lo largo de todas nuestras charlas: la necesidad de familia. Todos los personajes de nuestra historia la tenían. Nino, Rafael, Juan Carlos, Nati, la hija, Sandra, el cocinero, Nacho y hasta Norma. Atención: al decir familia no nos referimos a la familia convencional, occidental y cristiana, sino a un lugar de contención, de compañía, de apoyo. Esa familia puede ser una esposa, sí. Y los padres, también. Y con toda seguridad los hijos. Pero es también una comunidad, un amigo, una pareja. Un grupo de gente con nuestras mismas pasiones, mismos objetivos y mismo amor. En nuestro comienzo, esa necesidad del personaje sólo aparecía cuando él recuerda su niñez, con el Vascolet. Y fue de esa punta que empezamos a tirar.

TONO: sabíamos que esto iba a ser una comedia. Es fundamental establecer esto desde el comienzo. El hospital era fuerte y dramático, sí, pero eso mismo lo eliminaba como inicio. ¿Cómo remontar el humor a partir de esa escena? No, no, gran error. Mejor mandarla al final del primer acto. Y empezar con aquella escena primigenia: el tipo mirando televisión y recordando su infancia, cuando todo era claro, cuando mami te ayudaba.

Fue un proceso con momentos dolorosos por los cadáveres que quedaron en el camino. El hijo adolescente de Rafael que embarazaba a su novia era un tema complicado. Por un momento coqueteamos con la idea de tener un casamiento múltiple. Al final, en la misma ceremonia falsa, se casarían Nino con Norma y Rafael con Nati. Esta idea fue abandonada rápidamente, con sólo imaginar el abucheo ensordecedor del público.

Pero el hijo crecía (como suelen hacer los hijos). Esa relación ahogaba todas las demás. Finalmente, la idea salvadora. «Hoy se me ocurrió la solución para el hijo.» «¿Cuál?» «Eliminarlo del guión.» «Buenísima. Compro.» Chau, nene. Pero es por tu bien, te merecés tu propio guión.

Siguen las muertes: la noticia del hombre que intenta suicidarse desapareció del guión. Nos sigue gustando. Por favor, no se la cuenten a nadie porque quizá la usemos en otro lado. Regla de oro para escritores: nada se pierde, todo se transforma.

O sea que de todas las ideas originales había quedado sólo una: la del tipo viendo televisión de noche. Estas ideas no eran malas. Tampoco fueron inútiles. Cumplieron un cometido importantísimo que fue el disparar otras ideas, dar el pase del gol, gestar y luego sacrificarse a «la idea mejor». Vaya en estas humildes páginas nuestro homenaje a ellas.

Entonces terminamos un boceto, que iba más o menos así:

Después de su recuerdo de la infancia, RAFAEL tiene problemas en el restaurante: un inspector quiere clausurarlo por encontrar un tiramisú en mal estado. Su padre viene y le propone ir a visitar a la madre, a la que RAFAEL, por cosas de trabajo hacía rato que no veía. Por visitar en el geriátrico a su madre, RAFAEL olvida ir a buscar a su hija a la salida del colegio. Esto ocasiona una pelea con su ex esposa. Ya en su casa con su hija, almuerzan juntos y RAFAEL le cuenta el cuento de «las bolas de billar» a su hija, cuento que ella no entiende. Luego llega NATI, su joven novia. Un llamado telefónico le advierte que sucedió algo serio en el restaurante. Lo ven a través de la tele, en un canal de cable de noticias. Hubo un asalto. RAFAEL se pone muy nervioso, hasta agresivo con su hija y su novia, que tratan de calmarlo. Va hacia el negocio y encuentra que está clausurado por la policía. A solas, recibe la visita de su padre con el tiramisú, quien viene a festejar el aniversario de casados con su madre. La acción ya no sucede el día de Navidad, sino algún día impreciso del otoño. A solas, NINO cuenta su idea de casarse por Iglesia con NORMA. RAFAEL se sorprende.

A la madrugada, mirando televisión, RAFAEL sufre un ataque al corazón. De ahí al hospital. Y entre diferentes escenas, se le aparece un hombre al que no conoce, quien parece ser un médico. Pero en realidad es un amigo de la infancia, JUAN CARLOS. Aquí se desarrolla el primer diálogo entre ambos que luego se adelantará a otra escena.

Fuera del hospital, RAFAEL visita a su madre. Ella le dice que no se quiere morir. RAFAEL trata de calmarla, pero se le quiebra la voz. Luego NATI lleva en el auto a RAFAEL hacia el restaurante, en su primera aparición luego del infarto. Le pregunta si no tiene ganas de irse de vacaciones y RAFAEL responde que «¿adónde voy a ir?». Pero NATI se refiere a ir los dos, no él solo. Luego, RAFAEL con su amigo actor van a ver a un empleado de la municipalidad. JUAN CARLOS se hace pasar por abogado, ofreciéndole una coima. El hombre muerde el anzuelo y JUAN CARLOS muestra que grabó toda la charla. El hombre los echa del lugar. Ya en el restaurante, RAFAEL se muestra fastidiado, pensando en vender todo. NINO lo escucha pero no responde. Luego en su casa, lo visita JUAN CARLOS quien hace un acto de magia para VIOLETA. A la madrugada, los dos solos, JUAN CARLOS cuenta lo del accidente en que murieron su esposa y su hija. También se muestra entusiasmado por lo del casamiento de NINO y NORMA, y RAFAEL se anima a llamar a su padre y decirle que lo va a ayudar. Paralelamente, RAFAEL vende el restaurante.

NATI, cansada de ser relegada, decide dejar a RAFAEL en la escena del bar, casi igual a la de ahora. En este primer boceto, no aparecía nunca más. RAFAEL se queda solo.

Cuando la Iglesia niega el pedido, RAFAEL va a decírselo a su padre, pero NINO habla antes que RAFAEL, y dice esto:

NINO
La vida tendría que ser al revés. Nacer en un geriátrico, de golpe. Como no tenés ningún recuerdo triste se disfruta del lugar. Te quedás ahí hasta que te echan porque ya las enfermeras te miran con otros ojos y eso no es bueno para la marcha del geriátrico. Te vas a una casa grande con patio y no tenés que hacer nada

salvo jugar con tus nietos y salir una vez por mes a un lugar donde te regalan $200. De golpe, empezás a hacer más cosas, porque cada día que pasa te sentís más vital y no sabés qué hacer con tanta energía. Así que la repartís entre fiestas que duran hasta la madrugada y deportes que se juegan con raquetas. Un día empezás a sentir unas ganas... raras. Claro, el cuerpo está cada vez más duro, insistente... Y un día, recién descumplidos los setenta, debutás. Un debut de primera porque a los setenta años, otra que ser suave y elegante no te queda. Y empezás a vivir más a pleno. Y cada vez te acostás con mujeres más jóvenes y estás más lúcido, ingenioso, activo. Ahora es lindo el insomnio porque no te alcanza el tiempo para nada. Y el pelo te empieza a crecer, y la chica del quiosco ya no te saluda con ternura, sino que se hace la indiferente, señal clara de que se muere por vos. Y entonces sí, uno empieza a vivir plenamente, cada vez tiene menos preguntas, cada día sabe más, y las convicciones y las piernas son cada vez más firmes. Un día notás que la ropa te empieza a quedar grande, el pelo se vuelve a ir y las mujeres también. Y te empezás a hacer pis encima y te quedás sin recuerdos, igual que ahora, pero con una diferencia: toda la familia se pelea por alzarte y abrazarte y protegerte. Aparecen tus viejos y tus hermanos, los tíos, primos, abuelos y nunca la familia fue más grande, y todos te miran y dicen: «Ay, qué lindo que es!». Y rodeado de todo ese amor empezás a dormir cada vez más... Hasta quedar flotando en un lugar tibio y silencioso. Y encima que estás adentro de tu madre, ¡de tu madre!, terminás con el mejor polvo de toda tu vida. ¿Lindo, no?

RAFAEL, conmovido, dice que está todo listo para el casamiento, y empezaba el tercer acto. La boda se realizaba en una capillita de hospital cercana, que tomaban por asalto sin que se dieran cuenta los de la capilla.

La última imagen era la de NINO dándole de comer a NORMA.

¡Qué inmensa alegría! Finalmente habíamos terminado el guión, aquella historia que se iba a escribir sola. Y si bien demoró diez meses en vez de dos, teníamos una obra maestra en nuestras manos. Habíamos escrito, por primera vez en la historia del cine, el primer boceto perfecto. Era hora de darlo a leer a nuestros más cercanos y expertos comentaristas, no tanto en busca de crítica, sino ansiando aplausos y loas.

LOS OTROS

Es importante elegir con cuidado quiénes van a leer los trabajos propios. Estos comentaristas deben ser de confianza, como para animarse a decirnos la cruel verdad, pero a la vez tienen que compartir nuestros gustos e intereses.

Necesitamos gente que tenga gran conocimiento del cine clásico, donde la estructura, los personajes y las vueltas de tuerca dramáticas son importantes. Que valoren el diálogo. Que tengan sensibilidad y sentido del humor. Y que a la vez sean capaces de sugerir cosas que vayan en nuestra misma dirección. Lo que uno busca no es seguir ciegamente cualquier comentario, sino ver si hay algún consenso crítico, algo que molesta a muchos, ideas que no están claras. Para este primer boceto recurrimos a Aída Bortnik, Eduardo Blanco y Ricardo Freixá. Luego se sumaría Juan Pablo Domenech. Aída Bortnik es nuestra amiga (antes que nada), profesora, mentora y admirada guionista de películas como *La historia oficial* (Ganadora del Oscar) y *La tregua* (La mejor película argentina de la historia). Eduardo Blanco es Juan Carlos, amigo lapidario y crítico del alma nuestra durante veinte años. Ricardo Freixá es el productor de *El mismo amor, la misma lluvia* y *Love Walked In*, gran amigo y confidente. Juan Pablo es nuestro co-guionista en *Culpables*, escritor de gran talento, sutileza, sensibilidad y sobre todo paciencia. Leyó y criticó todos los bocetos.

Transcribimos este comentario simplemente porque fue el único recibido por escrito. Pero palabras más, palabras menos, así fue el comentario de todos:

> Tiene varias cosas que me encantaron, en principio el monólogo de Nino de que la vida debería ser al revés me pareció extraordinario. La situación y los diálogos con el cura estupendos. Varias escenas muy emotivas.
> La sensación es que el problema que le noto es nada más y nada menos que en la columna vertebral.
> El comienzo con los pibes me encanta, pero luego se empiezan a desencadenar escenas tras escenas, que a veces parecen informativas, que aisladamente pueden ser simpáticas, pero en realidad a mi criterio lo que hacen es ir retrasando la acción y entonces se hacen un poco largas y, no diría aburridas, pero sí desprovistas de ese algo que en general tiene vuestro sello. Recién después de que Nino se pone en marcha para producir lo del casamiento (conversación con el cura mediante), el guión comienza a tener vértigo, sorpresa, emoción y demás variantes que lo hacen atractivo.
> Pero esto recién sucede si no me equivoco por la mitad del guión, o inclusive un poco más adelante. Eso no es conveniente.
> Por otro lado, abunda gratuitamente en malas palabras. Me parece que hay escenas traídas de los pelos o innecesarias, y algunas otras que se les ven los hilos. Quiero decir con esto que se adivina o presiente lo que va a suceder.
> El personaje del amigo me pareció una buena idea que no está plasmada. No se me ofendan ya que piensan que es el personaje del siglo, pero yo no lo vi así.
> Comienza el guión donde aparece el personaje desde chico muy ligado al protagonista, inclusive a su propia madre (del protagonista). Luego el personaje vuelve

a aparecer en la mitad del guión en una situación que a mí se me hace poco creíble, ya que un tipo que desde la infancia nunca más supiste nada de él, que estás desligado absolutamente y sólo unido a él por esos recuerdos de infancia, no es un tipo al que se llama porque uno supuestamente está cerca de la muerte. Además, ¿dónde lo encontraron?, ¿por qué lo llamaron?, ¿no tiene Rafael amigos más cercanos de su vida adolescente y adulta que le perduraron? ¿Los une algo más además de *El Zorro*? Y así me aparecen un montón de preguntas acerca de su incursión en el guión. Por otro lado, me parece que está muy ampulosa su actividad como actor y por lo tanto no causa mucha sorpresa cuando descubro que es un extra.

Al respecto del personaje de la madre, también tengo un par de comentarios.

Si bien es posible que en la realidad putee mucho, me parece que al personaje de ficción no lo favorece, porque creo que el guión está hablando de algo mucho más profundo que el mal de Alzheimer, ya que podría tener arterioesclerosis, o demencia senil, y para la situación dramática sería lo mismo, con lo cual hacerla tan agresiva, aunque se justifique, no me parece que beneficie al personaje y a ese romanticismo maravilloso que el guión tiene.

El personaje de Nino es redondo, maravilloso, extraordinario, ése sí es el personaje del siglo.

El personaje de Rafael es bárbaro, pero me parece que está rodeado de demasiadas cosas que distraen del cuento central y que se beneficiaría muchísimo peinando tanto desbole que le sucede alrededor, ya que lo que a mí por lo menos más me enganchó es la historia de los viejos y lo que gira a su alrededor, todo lo que le produce a Rafael esta situación.

Cuando comienzan a aparecer la mujer, la hija, la ex esposa, la nueva pareja de la ex esposa, el cocinero, el ladrón, la mujer y su amante, se empiezan a contar cosas que desvirtúan el cuento central. No digo que no tengan que estar. Digo que deberían estar muy sintetizadas, muy peinadas, como ejemplo yo sacaría por lo menos veinte páginas de las primeras cuarenta, y me concentraría más en la historia de los viejos.

Espero que nada los haya ofendido, ya que, como siempre, equivocado o no, digo lo que pienso. Desde ya que lo voy a volver a leer, pero ésta es mi primera impresión, y no quería que se me escapara, ya que la primera impresión, por lo menos para mí tiene su valor.

¡Oh, al amargo hedor del fracaso! ¡Ustedes también, Brutos! ¡Diez meses de trabajo y lo único que habíamos producido era una buena idea, pero inconexa y traída de los pelos! A este comentario generalizado de los tres, la impresión de otro lector fuera del grupo fue algo más lapidaria: «A esta película no la va a ver nadie. ¿A quién le interesa una historia de dos viejos, Alzheimer, ataque al corazón, hija y esposa muerta? Una cosa es querer hacer algo personal, otra muy distinta es directamente cagarse en los que ponen el dinero. El personaje de Nati no existe, desaparece por completo, y ésa es la relación principal de la película, olvídense de los viejos, vayan con Nati».

Y a sus muchos comentarios, Aída Bortnik suma una agudísima observación: en ningún momento había un pase de antorcha de Nino a Rafael, una declaración de principios por parte de Nino, un momento en el que pudiéramos tener un vistazo del alma de Nino. Y también saber por qué Nati está con un tipo como Rafael. No es un Einstein, no es Brad Pitt... Descubrimos al ahora célebre Dick Watson gracias a Aída.

¿Cómo tomamos estas críticas? Bueno, más allá del espejismo temporal de pensar que habíamos escrito el primer boceto perfecto (al igual que el helado frito, el primer boceto perfecto no existe), las tomamos con calma. Habíamos escrito lo que todo primer boceto debe ser: una simple exposición de todas las ideas, aunque sea en forma desconectada y caótica. Ahora empezaba el verdadero trabajo: la reescritura.

De todos los comentarios, algunos resonaron fuertemente. Con otros no estuvimos de acuerdo. El guión estaba lleno de acontecimientos que sólo servían para ocultar nuestro TEMA. Si el tema era la necesidad de familia, ¿qué tenía que ver toda la subtrama de la coima y el restaurante? Afuera con ella.

Así y todo, nos resistíamos a algunos cambios. No podíamos creer que ese primer boceto fuera tan inconexo. Limpiamos algunas cosas, clarificamos otras, pulimos diálogos. En este segundo boceto aparece el final actual, la foto de los tres, que cerraba la historia temáticamente. Y después de un mes, con la satisfacción de haber solucionado todos los problemas, volvimos a mandar el guión a nuestros jueces.

El rechazo fue inmediato. Sí, se apreciaba lo de la desaparición de la subtrama de la coima. Pero poco más se había solucionado. Es en este momento cuando un escritor tiene dos opciones: decir «que se mueran todos» o «escuchar». «Escuchar» viene bien y es más sencillo de superar. Aunque sea difícil tener que volver a sentarse cuando uno está ansioso por empezar a filmar. Escribir es árido, es solitario, es aburrido. Es, sobre todo, trabajoso. Cuesta volver a escribir. Por eso es que se inventó el concepto «integridad artística», para no admitir que ese rechazo a reescribir es mera vagancia.

Veamos entonces:

Juan Carlos aparecía tarde, es verdad. Y al volar la escena en que se hacía pasar por abogado, nos quedábamos sin presentarlo como alguien afecto a la simulación. Esto nos era necesario para que cuando apareciera de cura al final no sonara traído de los pelos, sino que fuera inevitable. Segunda regla de oro para escritores: los mejores finales tienen que ser a la vez inesperados e inevitables.

Solución: reemplazar el asalto al restaurante por una escena, más corta y más sencilla, en la que Juan Carlos aparece haciéndose pasar por policía. Si además agregamos algunos intentos de llamadas anteriores, la presentación de Juan Carlos es fluida.

Fue en este boceto en el que fuimos conmovidos por una muerte inesperada. Villar, el hirsuto muchacho del chiste, desaparece del guión junto con sus bolas. Esa escena es reemplazada por una mucho más simple, en la que Victoria simula estar dormida para no hablar con Rafael.

Y más pulido, mejores diálogos. Alguna reestructuración. Bueno, che, qué más quieren, esta película es perfecta. ¿A ver qué les parece?

Y... no..., todavía no..., vuelta a la máquina. Aída insistía con el momento para Nino. Finalmente, una tarde en su estudio, surge la idea: cuando Rafael propone vender el restaurante, Nino no sólo no se enoja sino que lo alienta a vender. El restaurante es sólo un local. Describe cómo era cuando Norma trabajaba en él. Maravilloso. Habíamos logrado algo raro: un personaje se define a sí mismo, contundente y emocionalmente, no hablando de él mismo, sino de OTRA PERSONA.

Empieza a surgir la necesidad inconsciente de Juan Carlos de apoderarse de la familia de Rafael, por supuesto, inocentemente, sin que ni él mismo lo sepa. Un cambio pequeño pero fundamental: antes, en la escena de los extras, Juan Carlos le decía a Rafael que estaba enamorado de Nati como un truco, para que Rafael se diera cuenta de lo que se estaba perdiendo. Ahora no. Ahora Juan Carlos, en su soledad y tremenda confusión, se enamoraba en serio.

Y surge acá la idea del sueño de Rafael. El de «irse a la mierda». Todo empezó en el segundo boceto, con un pequeño diálogo:

EXTERIOR - COCHE DE RAFAEL - DÍA

NATI maneja y RAFAEL mira hacia adelante. Silencio incómodo. RAFAEL saca su celular. NATI aprovecha para hablarle.

NATI
¿No tenés ganas de irte de vacaciones?

RAFAEL
¿Adónde me voy a ir?

NATI
No, digo los dos. No sé, qué sé yo, a algún lado.

RAFAEL
Justo, con todo lo que tengo que... ¡Hola! ¿Sciacalli? ¿Qué tal?, Belvedere.

NATI vuelve a mirar al frente.

Una nada la escena. Pero aumentada, corregida y puesta en otro lugar, se convierte en la escena clave de Nati. Cuando Rafael cuenta su sueño de irse solo a algún lado, íbamos a ver en la cara de Nati, sin palabras, los sueños de ella. Por primera vez sentimos que Nati era un personaje, no un accesorio. Y si usted no se emocionó al leer esa escena en el guión, pero sí en la película, se lo debe a Natalia Verbeke, una actriz monumental con dos ojos en los que uno quiere zambullirse.

Ahora sí, el guión estaba listo para presentarse a productores. Por suerte, otros trabajos nos distrajeron y durante unos días nos impidieron hacerlo. Por suerte, porque la incubación inconsciente nos llamó de nuevo.

BUSCO MI DESTINO

Ya estábamos en agosto de 2000. Hacía más de un año que veníamos hablando y trabajando en esta película. El proceso de escritura nos llevó a bucear en nosotros mismos, en nuestros deseos, en nuestros sentimientos, en nuestras necesidades. Pero siempre estarían presentes nuestros miedos. Uno de ellos, el terror, el pánico al compromiso. Pánico que sin ningún problema habíamos trasladado a Rafael.

Pero todas las charlas sobre la necesidad de familia, tanto convivir con Nino y su férrea convicción, estaban erosionando nuestro cinismo. ¿Por qué Rafael no vuelve a Nati? Es hermosa, inteligente, lo quiere, ¿por qué no vuelve a Nati? La única respuesta era que, si volvía, todo era muy feliz, cerraba todo. No, no, eso es muy cursi, no nos podemos permitir una cosa así. ¿Qué van a decir los críticos?

La idea cobraba fuerza. ¿POR QUÉ NO VUELVE RAFAEL CON NATI? Y finalmente bajamos los brazos, abandonamos nuestro cinismo y nos rendimos ante la evidencia. Si no volvía, iba a ser un final irreal y forzado. Y si hay algo peor que forzar un final feliz, es forzar un final triste. Para decirlo de forma clara y poética: si Rafael no volvía a Nati, él y nosotros éramos tres pelotudos.

El proceso de escritura había tenido ese efecto en nosotros. Al forzarnos a pensar en los personajes, pensamos en nuestras propias vidas. Una que otra capa de escepticismo se disolvió y empezamos a mirarnos de otra manera. De ser simples admiradores de Nino pasamos a querer vivir su vida. Y entonces la decisión estaba tomada: Rafael, Fernando y Juan iban a volver a Nati.

Los productores iban a tener que esperar. Esta simple decisión nos llevó como tres bocetos más. Primero vino la escena del portero visor. Sabiendo que lo que Rafael tenía que decir era por fuerza cursi, y siguiendo el precepto de Ernst Lubitsch: «¿Cómo puedo hacer lo mismo de manera diferente?», pensamos en que Rafael se declarara a través del portero visor. Esto también ayudaba al personaje, que no podría haber dicho lo que dice si Nati lo estuviera mirando. Además, nos daba la oportunidad de crear otro personaje memorable, el portero Osvaldo, que al final termina aliándose a Rafael. Dos minutos, una vida, un nuevo amigo.

Pero el solo hecho de incorporar esta escena generaba otros problemas. Es decir, sólo se justificaba si Rafael llegaba a ese momento después de una conmoción profunda. El momento en que tenía que ver él, y nosotros como audiencia, que finalmente lograba lo que quería (irse a la mierda) y que esto era el infierno. Comenzó entonces la búsqueda de lo que llamamos la secuencia de la pesadilla. Todo lo que iba desde que Nati lo deja en el bar hasta que vuelve a buscarla. Rafael tenía que hacer un viaje al infierno de ida y vuelta. Uno por uno, todos los elementos de su vida tenían que mostrarle cuán necesarios eran para él. De tal manera que, cuando llegara a la negativa del cura, la boda de sus padres se hubiera convertido en una necesidad para él aunque todavía no lo supiese. ¿Qué iba primero? ¿El amigo? ¿La hija? ¿La madre? ¿El monólogo de la vida al revés del padre? En definitiva, tres bocetos y dos meses más.

Y finalmente... ¡Sí, ahora sí, en el día de la fecha, después de dieciséis meses de trabajo, con la octava versión del guión en nuestras manos, a los productores!

El guion gustaba. Pero aquella advertencia original se confirmaba en los hechos. «Hmmm... esta historia..., dos viejos, ella está enferma, al tipo le da un ataque, el amigo con la muerte de su familia..., hmmm...» Solamente Jorge Estrada Mora apoyó la película desde un comienzo, pero no alcanzaba. «Muy personal, sí, muy lindo, sí, pero ¿quién quiere ver esto?»

Finalmente, el guion llega a manos de Adrián Suar y su compañía, Pol-ka. Adrián lo lee, le gusta y decide hacerlo. Nuestra primera reunión estableció el clima de cooperación y apertura que iba a marcar toda la experiencia. La percepción era que iba a ser una película con mediano éxito, a lo sumo se recuperaría la inversión pero Adrián la hacía porque le gustaba la historia.

Casi literalmente, su comentario fue el siguiente: «Yo, la película, la hago así como está, pero tengo un comentario...». Siendo Adrián un "productor de éxito", nuestros prejuicios empezaron a hacer sonar la alarma. ¿Qué nos va a pedir? ¿Que se cure Norma? ¿Poner a los protagonistas del último éxito televisivo? Con temor, y sintiendo que el proyecto se había terminado, le pedimos que nos dijera su comentario.

«El personaje de Rafael es un gran mediocampista, pero no es goleador».

«¿Perdón? Eehh..., no es de fútbol el guion, Adrián...»

«No, no, me explico. Le falta un motor. Parece que en todas las escenas está para tirar los pies, que los demás son los protagonistas de cada escena y él es el testigo. ¿Cuál es el motor interno de ÉL?»

Finalmente, y como una iluminación, había metido el dedo en la llaga del problema principal del guion. Aquel problema que se percibía como una inconexión en el primer boceto, y que después, gracias al trabajo, se había ido escondiendo, pero nunca solucionado de raíz. El personaje flotaba por las situaciones, lo llevaban de las narices. Hacía los pases y no metía ningún gol.

Adrián continuó: «Creo que si él tuviera resentimiento con su madre, por temas pasados, que si hace años no se hablan, y ahora con su madre enferma ya no pueden hablar, sería un personaje más interesante».

¿Dónde estuvimos nosotros durante ocho bocetos? La pieza que faltaba. La falla fatal del personaje. Lo que muerde su inconsciente. Un dolor permanente, una historia imposible de cerrar debido a la enfermedad de la madre. No era que no fue ni va al geriátrico por sus problemas sino que no quiere ver a la madre. Se siente herido por ella, enojado con ella y furioso con la vida que le impidió echarle en cara su éxito.

Sólo ese comentario nos bastó para que viéramos todo frente a nosotros con total claridad. No se necesita mucho más. De repente, la secuencia de la pesadilla tenía su momento de quiebre, la escena en la que Rafael trata de decirle a su madre que no es un perdedor, un boludo. Una escena en la que finalmente baja sus defensas, se limpia, una escena catártica. Por fin entendíamos el origen de su enojo con la vida, su insatisfacción permanente.

Y como en toda revelación, había que sacrificar algo para ganar en la cuenta final: el monólogo de la vida al revés ya no tenía lugar en nuestra historia. Había sido desplazado por la escena entre madre e hijo. Rafael cuenta que no le fue tan mal con sus cosas y le pide perdón a Norma. Y el monólogo pasó a mejor vida, lo que quiere decir que fue enterrado en el cajón de abajo de todo, hasta resucitar a los pocos días cuando encontró hogar y vida nueva en un capítulo de la serie *Culpables*.

Dos años, catorce bocetos y quinientos e-mails después, estábamos listos para empezar la preproducción. Llegamos. Era febrero de 2001.

LA HISTORIA SIN FIN

¿Qué es lo que hace un director exactamente? Bueno, cuando está rodeado de un equipo y un elenco como éste, la respuesta es «no demasiado».

El guión sigue cambiando en la preproducción. Cosas que traen los actores. Cosas que trae el equipo. Imposibilidades de producción. Una de ellas: ninguna parroquia nos dejaba filmar el casamiento final, porque no podían permitirse colaborar con esta película. Fue entonces que Fabiana Tiscornia, asistente de dirección, propuso que se casaran en el geriátrico. No, no se nos ocurrió en el primer boceto. Se le ocurrió a Fabiana en la sexta semana de preproducción.

En una sesión de casting para Sandra, entra Claudia Fontán, actriz a la que Juan nunca había visto, y en una improvisación entre ella y Walter Rippel, el director de casting, Walter, le dice que había pensado en irse a México a criar caballos (no, lo de México tampoco estaba en el guión hasta ese día), a lo que Claudia agrega: «¿Y qué sabés vos de caballos, además de haber visto a *Mr. Ed* toda tu infancia?». Eso ocurrió en el casting.

Otro cambio. Éste era nuestro comienzo de la escena en que el cura le niega a Rafael el permiso de casamiento:

INTERIOR - IGLESIA - DÍA

Plano largo de la Iglesia, desde el altar. La cara de Cristo aparece flotando en PP.

     MARIO *(Off.)*
¡Agarralo de los pies, no ves que se te escapa!

El Cristo en PP se tambalea, se va y viene.

     MARIO *(Off-sigue.)*
¿Qué hacés? ¡Me estás haciendo caer! ¡Agarrame! ¡Me caigo, me caigo!

El Cristo sale de cuadro. ¡CRASH! Vemos que el PADRE MARIO está con un MONAGUILLO, que lo ayuda a levantarse.

     MARIO *(Sigue.)*
¡Pero mirá lo que hiciste, torpe!

     MONAGUILLO
Usted me dijo que lo agarrara.

     MARIO
¡Pero no vas a soltar a Cristo para ayudarme a mí! ¿Qué te enseñé en catecismo?

El PADRE MARIO va al Cristo que está caído sobre el altar. Trata de levantarlo nuevamente, pero no puede.

MARIO *(Sigue.)*
Este crucifijo pesa una barbaridad. Llamalo a Kesselman. Ya que lo restauró, que venga a terminar el trabajo o no cobra.

RAFAEL entra a la iglesia. Más demacrado, barbudo, exhausto.

RAFAEL
Padre...

MARIO
¡Belvedere! ¿Cómo le va? Acá, ya ve, en la lucha.

RAFAEL ve al crucifijo caído sobre el altar, con la cara hacia abajo.

RAFAEL
Parece que el pobre perdió de nuevo.

MARIO
(Sincero, conmovido.) No diga eso, si quedó precioso, una manito de barnizado mate y santo remedio. En fin, vamos a lo nuestro. Hablé con la Curia, llegué incluso a hablar con la Corte Suprema de Derecho Canónico.

Nos sigue gustando la escena. Un día, Mercedes Alfonsín, nuestra increíble diseñadora de producción, se sienta abatida frente a Juan: «El Cristo sale como dos mil dólares si querés que esté bien hecho. ¿Vos querés que esté bien hecho? Yo quiero que esté bien hecho.» «Claro, Mechi, yo también quiero que esté bien hecho». «Bueno, me voy a hablar con producción». Hay que aclarar que ya habíamos «hablado con producción» miles de veces, y siempre para aumentar el presupuesto. Producción ya había «hablado con nosotros» diciendo, con todo tacto, que ya no podían más.

Como había otras cosas por las que «hablar con producción», cosas más importantes para la historia, cambiamos el Cristo por un equipo de sonido que no funciona.

AMOR SE ESCRIBE SIN HACHE

Los guiones no se escriben. Se reescriben. ¿Cuándo se termina de reescribir un guión? Borges decía que dejaba de reescribir cuando se aburría. Un productor nos dijo una vez: «Uno cree que hace una película, pero en realidad hace cuatro. La película que escribe, la película que filma, la película que monta y, finalmente, la definitiva, la película que ve el público, la única que sirve».

Tuvimos la inmensa suerte de que el público viera una buena película y no sabemos si era tan buena la que nosotros imaginamos, escribimos, reescribimos, filmamos y editamos. La historia de Nino, Norma, Rafael, Nati, Juan Carlos y Vicki pudo tocar el corazón de muchos. Quizá por mérito de la película, quizá por un momento del mundo. Seguramente a causa de las dos cosas. Pero ninguno de nosotros pensó en algo más importante que compartir una tarde juntos, riendo y emocionándonos.

A todos ellos, a los millones de coautores que se sintieron parte de una historia poderosa, fuerte y emocionante, les debemos dar las gracias.

Gracias por haber hecho una última reescritura tan buena que todas nuestras versiones anteriores empalidecen a su lado.

Y gracias por compartir nuestras aventuras, nuestras historias y nuestras vidas.

JUAN J. CAMPANELLA Y FERNANDO CASTETS

AGRADECIMIENTOS

Para Luisa y Juan Carlos. No nos engañen, sabemos que también disfrutarán este libro.

Para Susana y Délfor, porque quisieran disfrutarlo más.

Para Lupe, Violeta, Lola, Gaby y Cecilia, que nos sufren.

Y para Aída, Eduardo, Ricardo y Juan Pablo, miembros activos de nuestro sufrido Club de Lectores.

Esta edición se terminó de imprimir en Agosto de 2002,
en Gráfica Laf s.r.l., Loyola 1654 (C1414AVJ)
Ciudad Autónoma de Buenos Aires